안녕, 나의 순—정

그 시절 내 세계를 가득 채운 순정만화

안녕, 나의 순-정

초판 1쇄 인쇄 2020년 3월 20일
초판 1쇄 발행 2020년 3월 27일

지은이 이영희
펴낸이 김선식

경영총괄 김은영
기획편집 한나비　**디자인** 심아경　**크로스교정** 조세현　**책임마케터** 박지수
콘텐츠개발3팀장 한나비　**콘텐츠개발3팀** 심아경
마케팅본부장 이주화　**채널마케팅팀** 최혜령, 권장규, 이고은, 박태준, 박지수, 기명리
미디어홍보팀 정명찬, 최두영, 허지호, 김은지, 박재연, 배시영　**저작권팀** 한승빈, 이시은
경영관리본부 허대우, 하미선, 박상민, 윤이경, 권송이, 김재경, 최완규, 이우철

펴낸곳 다산북스　**출판등록** 2005년 12월 23일 제313-2005-00277호
주소 경기도 파주시 회동길 357 3층
전화 02-704-1724　**팩스** 02-703-2219　**이메일** dasanbooks@dasanbooks.com
홈페이지 www.dasanbooks.com　**블로그** blog.naver.com/dasan_books
종이 한솔피엔에스　**출력·인쇄** 민언프린텍

ISBN 979-11-306-2891-0 (03810)

- 파본은 구입하신 서점에서 교환해드립니다.
- 이 책은 저작권법에 의하여 보호를 받는 저작물이므로 무단 전재와 복제를 금합니다.
- 이 도서의 국립중앙도서관 출판시도서목록(CIP)은 서지정보유통지원시스템 홈페이지(http://seoji.nl.go.kr)와 국가자료공동목록시스템(http://www.nl.go.kr/kolisnet)에서 이용하실 수 있습니다. (CIP제어번호 : CIP2020009443)

다산북스(DASANBOOKS)는 독자 여러분의 책에 관한 아이디어와 원고 투고를 기쁜 마음으로 기다리고 있습니다. 책 출간을 원하는 분은 다산북스 홈페이지 '투고원고'란으로 간단한 개요와 취지, 연락처 등을 보내주세요. 머뭇거리지 말고 문을 두드리세요.

그 시절 내 세계를 가득 채운 순정만화

안녕, 나의 순 ― 정

이영희 지음

프롤로그
안녕, 나의 순정

몇 년 전 한 포털사이트에서 '한국만화거장전: 순정만화 특집'이 연재되고 있을 때, 누군가 이런 댓글을 달았다.

"순정만화도 거장(?)이 있군요ㅎㅎ"

악의 없이 던진 말일지 모른다. 하지만 (나를 비롯해) 분노한 순정만화 팬들의 반박이 이어졌다. 순정만화를 잘 모르면서 그렇게 얕잡아 비아냥거리지 말라. 얼마나 많은 거장이 있는지 알고 있느냐 등등. 나 역시 이렇게 썼다(가 지웠다).

"제발 좀 읽고 와서 이야기합시다. 우리."

이 책은 저 댓글에 대한 반론으로 시작된 것일 수도 있겠다. 어쩌면 한 시절 나를 가득 채웠던 '거장'들의 그 이야기가 나에게, 우리에게 진짜 무슨 의미였나, 돌아보고 싶은 마음도 있었다.

순정만화만큼 오해를 많이 받은 장르도 드물다. '펄럭이는 드레스 입은 공주님들이 나오는 유치한 만화'라거나 '남자 때문에 질질 짜는 여자들 이야기'라거나, 특정한 이미지를 뒤집어씌워 가치를 낮추려는 움직임이 길고도 집요하게 이어졌다. 우리는 안다. 그렇지 않다는 것을. 특히 1980~1990년대 우리 앞에 도착했던 그 엄청난 작품들은 그때까지 어느 장르에서도 찾아보기 힘들었던 독창성이 넘쳤고, 고정관념을 뒤엎는 세계관이 깃들어 있었다.

순정만화 속에서 여자들은 자유로웠다. 원하는 남자를 열망하고, 목숨 걸고 사랑하고, 우주로 가고, 혁명을 하고, 왕이 되었다. 다시 읽어보면 거슬리는 구시대 정서의 표현도 물론 있지만, 만화 밖 세상의 부조리함과 비교하면 사소한 수준이었다. '여자니까 하지 말라'는 말을 집에서 학교에서 지겹도록 들은 우리에게 순정만화는 '여자니까 해도 된다'고 말해주었다.

그 시절에 감수성 예민한 청소년기를 보낼 수 있었던 것은 큰 행운이었다. 1988년 순정만화 전문잡지 《르네상스》가 나왔을 때의 그 감동이란! 이렇게 재밌는 '우리들의' 이야기를 한꺼번에 볼 수 있다니! 《르네상스》 창간 다음 해 《하이센스》, 《로망스》, 《모던 타임스》 같은 잡지가 연이어 나왔고, 이어 《댕기》, 《미르》 등등이 창간되자 도저히 개인의 용돈으론 감당할 수 없는 지경이 됐다. 친구들끼리 담당제를 도입, 한 권씩 사서 돌려보기 시작했는데 나의 담당은 《하이센스》였다.

잡지를 보고 난 후의 보관법에 있어 친구들은 두 파로 갈렸는데, 잡지를 온전하게 보존하는 걸 선호하는 파, 아니면 잡지를 작품별로 나눠 자른 후 같은 작품끼리 묶어 단행본을 만드는 파였다. 나는 책을 자르는 게 영 찜찜해 통째로 보존을 선호하는 편이었다.

그 시절 연년생 언니와 차곡차곡 모아두었던 순정만화 잡지들은 이제 없다. 성인이 돼 독립을 하고 얼마나 지났을까, 본가에 돌아가니 깨끗하게 사라져 있었다. "더 이상 보지도 않는데 쌓아두면 뭐하니? 먼지만 쌓이고 벌레 생겨"라고 엄마는 냉정하게 말했었지. 이럴 수가. 그럴 줄 알았으면 애지중지하던 창간호만이라도 들고 나올 것을. 왜 그랬어, 엄마. 곤도 마리에(일명, 정리의 여왕. 설레지 않는 것은 일단 버리고 보는 분.『설레지 않으면 버려라』『정리의 발견』등을 집필)야?

우리 집 '곤도 마리에' 덕분에 나의 보물들은 폐지가 되었으나 그 안에서 흡수한 많은 것들이 아직 나에게 고스란히 남아 있다.

'순정 : 순수한 감정이나 애정'
순정만화라는 명칭을 두고 논란이 있단 것을 안다. 이 단어가 주는 고루한 느낌을 버리고 여성만화나 감성만화 등으로 바꿔 부르자는 목소리도 있었던 것으로 기억한다. 하지만 나는 순정만화라는 말이 좋다. '순정만화'가 아니고서는 떠올릴 수 없는 특별한 정서와 감정이 있다고 믿기 때문이다.

그래서 나는 순정을 순정이라 부르기로 한다. 그리고 이제 그 순정을 다시 꺼내어볼 참이다. 그 기억들이 어떤 모양이든 나는 퍽 반가울 것 같다. 안녕, 나의 순정.

목차

프롤로그_ 안녕, 나의 순정 · 1

1부   어른이 된 것 같았던 나의 소녀시대

짧은 머리는 보고 싶지 않았다오 황미나 『굿바이 미스터 블랙』 · 12
삶은 정말 예측불허였다네 신일숙 『아르미안의 네 딸들』 · 25
인생의 고단함을 엿보고야 말았네 김혜린 『불의 검』 · 43

2부   제길, 공주가 아니었어

그 시절로 돌아가고 싶진 않지만 이빈 『걸스』 · 62
돋보기를 쓰고 봐도 좋습니다 한승원 『프린세스』 · 79
그때 그 오빠들은 다 어디 갔을까 이은혜 『점프트리 A+』 · 95
우리의 슬픈 공통분모 한혜연 『금지된 사랑』 · 111

3부 크게 아프고, 다시 일어서면 됐다

쓸쓸한 날엔 호텔 아프리카를 박희정 『호텔 아프리카』 • 126
한 세계를 부수고 나아간다는 것 강경옥 『별빛속에』 • 141
세상엔 다양한 모양의 삶이 있지 유시진 『폐쇄자』 • 155
어둠도 이야기가 될 수 있음을 문흥미 『세상에서 제일 가난한 우리 집』 • 169

4부 거기에 꿈이 있었다

너는 면역체가 형성되지 않는 내 불치의 병 이미라 『인어공주를 위하여』 • 186
우리의 취향은 괜찮습니다 나예리 『네 멋대로 해라』 • 203
반짝이는 것에는 슬픔이 있지 천계영 『오디션』 • 219
더 사랑하는 쪽이 지는 거라고? 박은아 『다정다감』 • 237

에필로그_ 순정만화가 나에게 준 선물 • 254

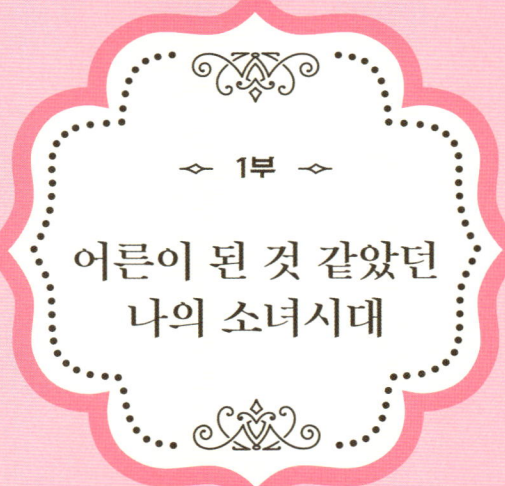

1부

어른이 된 것 같았던
나의 소녀시대

짧은 머리는 보고 싶지 않았다오

◇
◇
◇

황미나

『굿바이 미스터 블랙』

언제나
태양은 다시 뜬다.
떠오르는 태양이 주는 의미를
나는 찾아야 한다.

◇ ◇ ◇ ◇

『굿바이 미스터 블랙』, 황미나 만화
1983년에 잡지 《여학생》에 연재되었다. 『몬테크리스토 백작』에서 모티프를 얻어 창작한 작품으로, 누명을 쓰고 미스터 블랙으로 살아가야 했던 에드워드 다니엘 노팅그라함의 이야기를 그렸다. 사랑, 명예, 가족, 친구를 모두 잃은 미스터 블랙의 인생을 건 처절한 복수극.

한 마리 검은 사자를 보았습니다.

한 마리 검은 불사조를 보았습니다.

검은 망토에 가려진 어두운 마음을 보았습니다.

그리고 그의 검은 눈에 흐르는

첫 번째 눈물을 보았습니다.

태어나 처음 외운 '시'가 있다면 바로 이것이 아닐까. 황미나 작가의 만화 『굿바이 미스터 블랙』에 등장하는 아트레이유의 독백. 아주 오래전, 텔레비전에서 9시 뉴스가 방송되기 직전 "어린이들은 잠자리에 들 시간입니다"라는 안내방송이 나오던 시절이 있었다. 그 멘트만 나오면 주문에 걸린 듯 이불 속으로 향하던 어린이는 이 만화를 만나면서 처음으로 금기를 깨는 짜릿함을 알게 되었다. 누명을 쓰고 감옥에 갇힌 미스터 블랙이 울부짖는 첫 장면*을 본 순간부터 나는 이 만화에 사로잡혔다. 복수의 결말**이 궁금해 불을 끄고 누웠다가도 슬며시 일어나 만화책을 뒤적이던 밤의 기억이 선명하다. 헤어진 스와니와 라이언(미스터 블랙)이 런던의 한

---

* 이름을 밝히지 않은 검은 머리의 남자, 일명 미스터 블랙이 그간 쌓인 분노와 복수심을 표출하는 장면이었던 것 같은데, 일단 '긴 머리의 남자'라는 게 충격이었다.

** 미스터 블랙은 자신을 가둔 인물에게 복수하기 위해 감옥을 빠져나가 고향으로 돌아갈 방법을 찾다, 수감 중이던 여죄수 스와니와 가짜 결혼을 하게 된다. 그러나 스와니와 진짜 사랑에 빠지게 되는데….

『굿바이 미스터 블랙』, 누명을 쓰고 억울함에 올부짖는 에드워드 다니엘 노팅그라함.

저택에서 다시 만나는 장면("이쪽으로, 이쪽으로 와 스와니!")은 볼 때마다 심장이 쿵쿵 떨어졌고, 스와니를 짝사랑하는 로제를 보면서 질투라는 감정을 어렴풋이 알게 되었다. 이야기의 마지막, 복수를 마치고 머리를 짧게 자른 미스터 블랙이 등장했을 땐 충격과 공포에 휩싸이고 말았으니, '이건 아니잖아요, 작가님' 엽서라도 써야 하나 고민했던 그 시절의 내가 기억난다.

이야기라는 것, 나를 '지금 여기'가 아닌 다른 세계로 데려가는 것, 그 신비한 즐거움을 알려준 작품들의 첫머리엔『굿바이 미스터 블랙』이 있었다. 이 만화를 몇 번이나 읽었는지 헤아리기 어려울 정도다. 나중에는 대사들을 줄줄 외는 것은 물론(지금은 까먹었다), 눈을 감으면 만화의 장면들이 머릿속에서 애니메이션처럼 흘러가는 지경에 이르렀다. 한참 뒤에야『굿바이 미스터 블랙』이 뒤마의 소설『몬테크리스토 백작』*에서 모티프를 따왔다는 것을 알게 되었다. 어린애가 왜 그리 복수극에 관심이 많았던지,『몬테크리스토 백작』도 정신없이 빠져들어 읽었으니, 전생에 억울한 누명을 쓰기라도 한 걸까?

---

*　내가 소장하고 있던 삼성출판사 어린이 명작 시리즈에서『몬테크리스토 백작』은『암굴왕』이라는 이름으로 출간되어 있었다. 에드몽 당테스라니, 주인공 이름마저도 멋졌다. 그때 그『암굴왕』표지에는 바다 한가운데 쓸쓸히 홀로 솟은 성이 그려져 있었지.

어릴 때부터 활자를 읽으면서 머릿속으로 장면을 상상하는 것을 유난히 좋아했기에, 만화라는 장르에 이렇게 오래 붙잡혀 있는 건 아닐까. 나는 지금도 상상력을 자극하는 그림과 그 여백을 메우는 대사의 조화가 하나의 이야기를 표현하는 가장 매력적인 방식이라고 생각한다. 만화책을 넘기는 동안 멈춰진 그림들이 장면으로 이어지고, 그 장면이 만들어낸 이야기는 내 안에서 시각, 청각, 촉각을 총동원해 재구성된다. 소설을 읽을 때보다, 영화를 볼 때보다 만화책을 넘기고 있을 때 나는 진정한 '저세상 텐션'이 되어버린다. 아무튼 이영희 어린이의 독서 목록은 『굿바이 미스터 블랙』을 시작으로 대부분 만화로 채워지게 되었으니, 이후 인생에 강렬한 웃음과 눈물을 안겼던 '딱 맞는 취향 하나'가 이렇게 형성된 것이다.

황미나라는 작가의 이름을 들으면 거대한 이야기 주머니가 연상된다. 양적인 측면에서도 질적인 측면에서도 그는 대한민국 만화계(순정만화계가 아님)에서 가장 탁월한 이야기꾼이었다. 1983년에 『굿바이 미스터 블랙』, 1984년에 『불새의 늪』* 같은 작품에 열광했

---

* '조국을 위해, 종교를 위해, 신념을 위해, 사랑은 희생되고 추억은 버려진다'는 한마디면 설명 끝. 격동의 16세기 프랑스를 배경으로 역사와 조국을 위해 희생된 아름다운 사랑 이야기. "한순간 다정한 시절도, 달콤한 키스도… 마주 보며 다정하게 웃은 적도 없었던… 바라보다… 바라보다… 죽어버릴 내 사랑… 기다리다… 기다리다… 죽어버릴… 내 사랑…" 슬프구나.

던 나 같은 독자들은 이후 그가 선보이는 만화들을 보며 '엇, 이건 뭐지?' 하고 여러 번 당황했더랬다. 시대물, SF, 코믹, 가족물 등 작가를 특징짓는 장르가 있기 마련인데, 황미나란 작가는 '그냥 다' 했다. 다 잘했다. 유럽을 배경으로 한 사랑과 배신과 음모를 그리다가 진지하게 한국 사회의 어둠을 들여다봤다. 홍콩을 배경으로 한 무협만화를 연재하더니, 갑자기 우당탕탕 슬랩스틱이 난무하는 코믹물을 선보였다. 그 모든 이야기가 너무 재밌어서 놀라울 지경이었다. 하고 싶은 이야기가 무궁무진하고, 그걸 표현할 수 있는 능력을 지닌 천재 작가, 황미나였다.

그의 또 다른 작품 『우리는 길 잃은 작은 새를 보았다』**를 처음 읽었을 때 받은 충격은 지금도 설명하기가 어렵다. 중학생이 이해하기엔 너무 어둡고 우울하고 진지한 이야기였지만 그 쓸쓸하고 불온한 느낌이 강렬했다. 앵벌이 조직에서 남매처럼 자란 신애와 진섭의 삶을 그린 이 만화는 작가가 '지금, 여기, 우리'의 이야기를 하고 싶다는 생각에서 도전했던 작품이라고 한다. 그런데 너무 '지금 여기 우리' 이야기라서 고난을 겪어야 했다. 당시 『우리는 길 잃

** 줄여서 우길새. 1980년대 혼란하고 불안한 대한민국 사회를 배경으로 펼쳐지는 이야기. 일단 주인공들의 얼굴에 그늘이 져 있다.

『우리는 길 잃은 작은 새를 보았다』, 신애를 떠나 집을 나온 진섭.

은 작은 새를 보았다』는 독재정권의 검열에 의해 수많은 장면이 잘려 나갔는데 그 이유는 이런 것들이었다. 주인공들은 왜 그렇게 돈을 못 버느냐(그러게 말입니다?), 왜 판자촌이 나오느냐(판자촌이 배경이니까요!), 등장인물들의 걸음걸이는 왜 이렇게 허무하냐(허무한 걸음걸이를 그림으로 표현하다니 대단하지 않습니까?). 그렇게 여기저기 잘려 나간 채 누더기로 출간되어야 했지만, 작품의 서사와 정서는 탁월했고 이 작품은 출간된 지 무려 14년이 지난 1999년에 드라마로 만들어졌다.

이후에도 나는 황미나가 만들어낸 냉소월이라는 멋진 여성 무사가 등장하는 『취접냉월』이라는 만화에 감탄했다가 『웍더글덕더글』* 같은 코믹을 보며 낄낄 웃다가, 말도 안 되는 스케일의 SF물 『레드문』에서는 손발 다 들고 말았다. '나의 태양, 나의 빛, 나의 생명, 그대가 죽으면 나도 죽으리….' 사다드의 애틋한 목소리가 지금도 귓가에 맴도는 것만 같다. 『윤희』나 『이씨네 집 이야기』 같은 만화는 어떤가. 한 인간이 펼쳐낼 수 있는 이야기란 이렇게 광활하고도 깊구나, 존경의 마음이 솟아오른다.

---

* 식구 모두가 무술유단자인 고씨 집안의 참, 아름, 다운, 우리, 나라, 하늘 남매를 중심으로 펼쳐지는 이야기. 제목 그대로 웍더글덕더글 좌충우돌 에피소드가 가득하다.

고등학생 땐 그야말로 순정만화의 전성기여서 여성들을 타깃으로 한 만화잡지들이 쏟아졌다. 재밌는 이야기들이 넘쳐나 하루하루가 분주해졌다. 그 잡지들은 이제 사라졌지만, 거기서 만난 많은 이야기들이 지금의 나를 만들었다고 믿는다. 만화책을 한 장 한 장 넘길 때마다 펼쳐지던 낯선 세상과 경험과 감정들. 그것이 차곡차곡 쌓여 '재밌는 이야기 어디 없나' 찾아 헤매는 '이야기 추구형 인간'이 되어버렸다.

나에게 잠 못 드는 밤의 짜릿함을 알려준 그 모든 이야기와 그것을 만들어낸 천재들에게 깊은 감사를. 그리고 영원히 그 첫째 줄에 있을 황미나 작가에게 이 지면을 빌려서라도 인사를 전하고 싶다. 선생님 정말 감사합니다! 그래도 계단 같은 더벅머리를 한 미스터 블랙은 지금 봐도 너무하셨다고 생각합니다요.(단호)

삶은 정말 예측불허였다네

◇
◇
◇

신일숙

『아르미안의 네 딸들』

인생은 예측 불허.
그리하여 삶은 그 의미를 갖는다.
때로는 그 의미가 처절한 슬픔을 내포할지라도
슬픔 속에는 빛이 있다.
보석보다 찬란한 진실의 빛이.

◇ ◇ ◇ ◇

『아르미안의 네 딸들』, 신일숙 만화

1986년 첫 연재를 시작하여 10년에 걸쳐 완결되었다. 기원전 5세기 경, 페르시아 제국이 고대 중동 지역을 장악했던 시대를 배경으로 칼데아 지방의 소국 가상의 나라 아르미안에서 펼쳐지는 역사 판타지. 불새의 나라이자 여성만이 왕위에 오를 수 있는 아르미안에서 선대 여왕의 네 딸들은 각자의 운명과 맞서 싸운다.

1987년 가을 혹은 초겨울 즈음 『아르미안의 네 딸들』을 만났다. 중학교 1학년 2학기 시험기간, 나는 시험이 끝나는 날이면 으레 그랬듯 친구들과 학교 근처 만화방에 앉아 있었다.

대한민국의 평범한 중학생답게 인생에서 가장 못생기고, 늘 무언가에 골이 나 있었으며, 드디어 수학을 포기해야 하나 고민하던 시절. 인천 변두리 신생 여중에 다니던 나와 친구들은 체육 시간이면 제대로 정비되지 않은 운동장을 헤집으며 돌을 골랐다. 신기한 건 삼삼오오 모여 앉아 짱돌을 줍고 있을 때마다 바바리맨이 나타났다는 것이다. 몇몇 대찬 친구들이 마침 손에 들고 있던 돌을 그들을 향해 던지곤 했는데 그래도 그다음 체육 시간이면 어김없이 나타나던 그 아저씨들의 끈기란 무엇이었나, 지금도 궁금하기 그지없다.*

내가 그해를 명확히 기억하는 건, 충격적인 소식을 들었기 때문이다. 중학교에 들어와 처음으로 마음을 나눴던 친구 J가 어느 날 말했다. "나 다음 학기에 서울로 전학 간다." 갑작스러운 선언에 나

---

* 지금은 안다. 이건 분명한 범죄다. 경범죄 처벌법상 과다노출이나 형법상 공연음란죄. 당시 선생님들은 왜 그런 걸 가르쳐주지 않았는지가 더 의문이다.

는 뭐라고 답을 하면 좋을지 몰랐다. J와 나는 매일 아침마다 당시 우리가 미쳐 있던 배우 오빠가 심야 라디오에서 어떤 말을 했는지, 이번 주에는 어떤 잡지에 인터뷰가 나왔는지, 주말에는 서울로 공방*을 뛰러 간다느니 하는 이야기를 나누던 사이였다. 알고 보니 친구의 아빠는 인천에서 큰 약국을 경영하고 있었고, 공단 근처 근본 없는 신생 중학교에 진학한 딸의 미래를 걱정하다 못해 과감히 약국을 접고 서울 강남 8학군으로 이주를 결심했던 거였다. 하나밖에 없던 친구가 좋은 대학에 가기 위해 나를 두고 떠난다는 소식을 듣던 날, 서운함인지 부러움인지 분노인지 알 수 없는 기분에 휩싸였다. "그래? 좋겠다. 서울 가면 오빠 공방 자주 갈 수 있겠네." 그러고는 만화방에 앉아 이 비장한 문장을 한참이나 들여다보고 앉아 있었다.

인생은 언제나 예측 불허… 그리하여 삶은 그 의미를 갖는다.

J는 반짝이는 곳으로 가버리고 나는 남는구나. 이 답답하고 지루한 도시에. J는 아빠의 바람대로 말로만 듣던 서울의 명문고를 나

---

* 공개방송. 당시엔 쇼프로그램 공개방송과 라디오 공개방송이 많았다. 좋아하는 연예인을 가까이서 볼 수 있는 유일한 기회였기에 주말에도 서울로 달려가고 싶었지만 엄마한테 혼날까 봐 자주 가진 못했다.

와 좋은 대학에 가겠지? 나의 미래는 어떻게 될까. 두렵고 암담하기만 했다.

『아르미안의 네 딸들』은 'A4'라는 약칭으로 불린다. 대부분의 독자가 그랬을 테지만, 나 역시 시작부터 펼쳐지는 압도적인 규모의 서사에 놀라 잠시 낯설어하다, 곧 가상의 나라 아르미안과 네 명의 여인들에게 정신없이 빨려 들어갔다. 비행기를 타본 적도 없고, 세계사와 세계지리라는 과목을 배우기도 전이었다. 내가 살고 있는 여기가 아닌 다른 나라, 새로운 도시의 존재를 가르쳐준 건 늘 만화였다. 『캔디캔디』를 읽으며 미시간이니 런던이니 하는 도시들을 알았고, 『베르사이유의 장미』에서 프랑스 혁명의 시대적 배경을 어렴풋이 파악했다. 그런데 A4의 스케일은 그보다 몇 걸음은 더 나아간 것이었다.

기원전 5세기경, 중근동 지역 아르미안이라는 가상 왕국을 무대로 이 나라에서 태어난 네 명의 왕실 여성인 마누아, 스와르다, 아스파샤, 샤르휘나 네 자매**의 인생역정이 전편에 걸쳐 그려진다. 아

** 자매 각각의 캐릭터가 남달랐다. 제일 인기가 많았던 건 아무래도 마누아와 샤르휘나. 나는 처음엔 이름이 예쁜 샤르휘나가 좋았다가, 나중엔 마누아의 팬이 되었다.

『아르미안의 네 딸들』, 왼쪽부터 칼리엘라, 글라우커스, 샤르휘나, 미카엘.

르미안 왕국은 불새의 모습을 하고 날아온 초대 여왕 마하시바야 이후 대대로 여왕만이 다스리는 '모계 국가'*다.

　이야기는 37대 여왕이 사망하고, 어린 시절부터 왕위 계승자로 지명되어 왕으로 훈련받은 장녀 마누아가 새로 왕위에 오르면서 시작된다. 그러나 막내 샤르휘나 역시 여왕이 될 운명을 타고난 경쟁자. 마누아는 이런 샤르휘나를 내칠 음모를 꾸미고 결국 막냇동생을 아르미안에서 추방한다. 아르미안을 떠난 샤르휘나는 고국으로 돌아가기 위해 아르미안의 전설에 전해 내려오는 '불새의 깃털'을 찾으러 세계를 떠돌며 온갖 모험을 한다.

　『아르미안의 네 딸들』은 당시 매우 전복적인 서사였다. 여성만이 왕위에 오를 수 있다는 설정부터가 그렇다. 이 만화에서 여성들은 자신의 운명을 헤쳐가는 주체적인 인간으로 그려지고, 남자들은 이들을 돕거나(미카엘), 기약 없는 사랑을 하거나(케네스), 이도저도 선택하지 못하고 휘둘리는 유약한 모습(그래 너, 리할)으로 그려진다. 아르미안에서는 왕자가 태어나면 죽임을 당하고 마는데, 이는 대대로 내려오는 예언서에 이렇게 적혀 있기 때문이다.

* 　모계 국가라니. 지금 봐도 엄청난 설정.

레 마누여 아들을 낳지 말라

아들은 분열과 파괴를 초래하나니 곧 파멸이 있으리라.

진실로 경고하나니 번영과 평화를 위해 아들을 버릴지어다.

'아르미안'은 가상의 국가지만, 이야기 속에는 페르시아 전쟁 등 실제 역사가 녹아 있다. 페르시아의 황제 크세르크세스나 그리스 정치가 페리클레스 등 실존 인물이 등장하고, 거기에 그리스 신화 속의 신과 영웅이 주인공들과 인연을 맺는다. 『아르미안의 네 딸들』은 페르시아와 그리스, 인도까지 대륙을 넘나들며 펼쳐지는 사랑 이야기인 동시에 권력 암투를 다룬 정치 드라마이고, 외교와 전쟁까지 담은 대서사시다.

인터넷에서 만난 한 독자는 이 작품을 박복한 네 자매 이야기[**]로 평가하기도 했다. 실제로 이들이 겪는 사랑은 험난하고 비극적이다. 하지만 멋진 왕자님과 영원한 행복을 누리는 전통적인 공주들의 사랑 이야기가 아니라는 점이 바로 이 작품의 강점이기도 하다. 물론 이들은 다른 의미에서 남자들에게 휘둘린다. 특히 온화한 성

[**] 아이를 버린 이혼녀 첫째와 애인을 혈육에게 뺏기고 남편에게 살해당하는 둘째, 노예를 사랑하다 기억상실증에 걸려버린 셋째, 몇 번 만난 적도 없는 성질 나쁜 남자를 잊지 못하는 막내의 이야기라며.

격을 가진 둘째 스와르다와 셋째 아스파샤는 '사랑밖에 난 몰라'라고 외치는 답답이 그 자체다. 자신을 사랑한다고 난리 치다 하루아침에 다른 여자에게 마음을 줘버린 리할을 끝까지 사랑한다고 외치는 둘째 스와르다*에게는 "제발 정신차려!"라고 말해주고 싶어진다.

하지만 짚고 넘어가야 할 사실이 있다. 한 남자와의 사랑에 인생 자체를 바치고 만 둘째 스와르다와 외유내강의 정석을 보여주는 셋째 아스파샤는 실제로 역사에 존재했던 여성들을 모델로 하고 있다는 거다. 둘째 스와르다는 성서 『에스더서(書)』의 아하수에로스 왕의 왕비 와스디가 그 모델이고 셋째 아스파샤는 밀레투스 출신으로 페리클레스의 연인이자 실존 인물인 아스파시아의 삶을 모티브로 만들어진 인물이다. 작가는 당대의 비극적인 두 여성의 삶을 보여주면서, 동시에 그 반대에 서 있는 독립적이고 주체적인 두 여성을 창조했다.

이야기의 중심에 있는 두 인물 마누아와 샤르휘나는 자신에게

---

* "리할 이 세상에서 가장 사랑하는 분. 당신만이 나의 행복. 아아 내 작은 가슴이 온통 불덩어리가 되어버릴 정도로 당신을 사랑하고 있습니다"라니… 우리 그러지 말자.

닥친 운명과 싸우는 강인한 여성으로 그려진다. 샤르휘나가 많은 남자들의 사랑을 받고 이들의 도움으로 위기를 넘기는 반면, 여왕 마누아는 철저히 혼자다. 그는 누구의 도움도 거부하면서 아르미안을 강한 나라로 만들겠다는 자신의 의지에 도전하는 기득권과 싸운다. 순정만화에서 좀처럼 보기 드문, 이 '센 언니'에게 반하지 않을 도리가 없다.

> 내 운명을 조종하는 것은 나.
> 그러니까 결과 역시 내가 감당해야 한다.
> 결코 후회하진 않겠다. 운명의 신 따윈 믿지 않아!
> 나는 나 자신만을 믿는다.
> 그러니까 난 언제까지나 가장 강자일 수 있어…
> 고독 따위는 두렵지 않다.
> 태어날 때부터 혼자였고 앞으로도 난 혼자다.
> 행복한 약자보다 영원히 고독한 강자의 길을…
> 그 길을 택한 것은 바로 나 자신이니까.

1986년 시작한 이 만화는 장장 10년에 걸쳐 출간됐다. 그동안 나는 만화방에 들를 때마다 『아르미안의 네 딸들』 신간이 나왔는지를 확인하곤 했다. 특히 마지막 권은 수년간 나오지 않아 잠시 작가에게 미움을 품은 적도 있었다. 나의 관심은 우리의 주인공 샤르휘나가 불새의 깃털을 과연 찾았을까가 아니었다. 그보다 더 중요한 게 있었다. 과연 샤르휘나는 에일레스와 이어지는가.

그렇다. 나는 에일레스를 좋아했다. 『아르미안의 네 딸들』을 만나기 전까지 순정만화 남주의 전형인 길고 가느다란 금발 미남들에 좀처럼 마음이 가지 않아 속을 끓이던 나는 이 작품 1권에서 갑옷을 입고 등장하는 '전쟁과 파멸의 신 에일레스'를 만나고 나서야 나의 취향을 확인했다. 미카엘을 좋아하는 이도 많지만, 머리칼 때문인지 나는 샤르휘나랑 자꾸 헷갈리기만 하던데. 오, 역시 내 취향은 금발 온미남보단 흑발 냉미남이었어.

> 짙검은 머리카락은 야성의 바람에 휘날리며
> 그의 눈동자는 밤하늘의 창공과도 같이 깊고 어두운 빛깔.
> 갈색의 피부빛은 마치 무쇠와도 같고
> 굳이 회색의 갑옷을 보지 않더라도
> 한눈에 보아 전사임을 알 수 있는 체격
> 그것은 마치 훌륭한 솜씨로 잘 조각된

청동의 거인상을 연상케 했다.

샤르휘나와 에일레스는 만화 전체를 통틀어 몇 번 만나지도 않는다(둘 다 바빠도 너무 바쁘다). 두 사람은 마지막 권에서 겨우 서로의 사랑을 확인하는데, 대학생이 되어서야 이들의 합방 신을 본 나는 감개무량해졌다. 오, 내가 이 장면을 위해 10년의 대장정을 걸어왔던 것인가. 그런 나를 축하라도 해주는 듯 두 남녀는 아름다운 사랑의 대화를 나눈다.

샤르휘나가 묻고, 에일레스가 멋지게 답한다.

"난 인간이야. 수명을 가지고 태어난. 언젠가는 죽게 돼.
그럼 그때 당신은 어떡하지?"
"긴 잠을 잘 거다. 네가 다시 태어날 때까지."
"내가 다시 태어나도… 알아볼 수 있어?"
"사막 속의 한 알 모래알로 있어도 찾아내주지.
얼마든지 몇 번이고 찾아내고말고.
모든 것으로 알아볼 수 있어. 빛으로 바람으로 냄새로,
그리고 느낌으로… 그 모든 것으로."

사랑을 막 시작하던 스물몇 살의 나는 설레는 마음으로 다이어리를 곱게 펼쳐 이 문장을 적어두었다. 그런 내 모습을 슬쩍 보고 있던 현명한 친구는 피식 웃더니 이렇게 말했지만. "사막의 모래알이라도 찾아낸다고? 보이기나 하겠냐. 야, 그거 다 헛소리야."

> 생은 때로는 격한 투쟁, 또한 때로는 잔인한 전쟁.
> 외길을 걷는 인간은 미래를 모른다.
> 그리하여 생은 그 의미를 갖는 것이다.
> 때로 그 의미가 처절한 슬픔을 내포한다 해도.

강남 8학군으로 이사를 갔던 J와는 대학생이 되어 한번 만났다. 친구는 새로운 환경에 적응하느라 힘들었다고 했고, 생각보다 훨씬 고단했던 수험 생활을 지나느라 오빠의 공방을 뛰는 일 같은 건 꿈도 못 꿨다고 했다. 서울 변두리의 한 여자대학에 진학한 그 친구는 한숨을 푹 쉬며 말했다. "내가 이 정도 대학밖에 못 갈 줄 알았다면 우리 아빠도 이사 같은 거 안 했을 거야."

돌아보면 『아르미안의 네 딸들』을 한참 읽던 소녀 시절, '운명'이란 단어는 한없이 비장하면서도, 왠지 가슴을 두근거리게 만들

『아르미안의 네 딸들』, 서로의 진심을 확인하는 샤르휘나와 에일레스.

었다. 앞으로의 내 삶에는 어떤 예측 불허의 멋진 일들이 기다리고 있을까. 에일레스* 같은 남자가 나타나 사막 속의 나를 찾아주지는 않을까 하는 기대를 갖기도 했고.

가끔씩 돌이켜 생각하곤 한다. 내 인생에도 예측하지 못했던 많은 일들이 일어났고, 꼭 원하는 대로는 되지 못했구나. 에일레스는 없었구나. (한숨) 그리고 앞으로도 예상치 못했던 많은 일들이 나를 기다리고 있겠지. 그러니 샤르휘나처럼 걸어가보는 수밖에. 인생은 정말 예측 불허라는 것을, 그리하여 생은 그 의미를 갖는다는 것을 어렴풋이 이해하면서 나는 내가 드디어 어른이 되었음을 깨달았다. 그리고, 남자 취향은 잘 변하지 않는다는 것도.

---

* 처음엔 전형적인 츤데레였다가, 자신의 감정을 깨달은 후에는 더없는 사랑꾼으로 변신!

세 번째 이야기

인생의 고단함을 엿보고야 말았네

◇
◇
◇

김혜린

『불의 검』

가엾구나 여자란 이름아
모진 세상, 딸로 태어난 것도 서러운데
세상 어미들이 딸을 낳고
너도 나처럼 살겠구나 하며
눈물이 난다던데

◇◇◇◇

『불의 검』, 김혜린 만화

1992년부터 잡지 《댕기》에 연재되었다. 청동기에서 철기로 넘어가던 시점을 배경으로 아무르족과 카르마키족의 부족 전쟁 과정을 그린 작품이다. 아무르족 소녀 아라가 기억을 잃은 청년 산마로를 만나 사랑에 빠지게 되지만 산마로가 전사로서의 기억을 되찾으면서 아라에 대한 기억을 잃고 먼 길을 떠나며 이야기가 펼쳐진다.

김혜린 작가의 작품 속 주인공들은 편한 법이 없다. 이건 뭐, 고생한다. 무진장, 고생한다. 고난은 서사 주인공의 어쩔 수 없는 숙명이라 하더라도 심하다. 그래서 그의 작품을 읽는 것은 상당한 에너지를 요하는 일, 이라고 늘 생각해왔다. 『테르미도르』*의 유제니와 쥴르는 프랑스 혁명의 한가운데서 갖은 고초를 겪었고, 『비천무』**의 설리와 준하는 대륙 역사의 소용돌이 속에서 온갖 수난을 당한다(게다가 새드 엔딩이라니). 등장인물들은 그 고통의 무게를 어찌나 속으로만 삭이는지, 김혜린의 만화를 읽는 시간은 즐거웠지만, 또한 그 고통을 간접 체험하는 버거운 시간이었다.

　　"그런데 왜 보고 있느냐?"라고 하면… 재밌으니까. 그의 작품 중 가장 좋아하는 『불의 검』 역시 주인공들의 고초가 만만치 않았다. 심지어 만화의 배경은 청동기에서 철기로 넘어가는, 상상도 잘 되지 않는 저 먼 인류 역사의 한 지점이다. 철기 기술을 먼저 습득한 카르마키족이 아무르족을 침략하고, 아무르족은 터를 잃고 떠도는 처지가 된다. 이야기의 초반, 카르마키족 사이에 섞여 살던 아무르족 소녀 아라는 사고로 기억을 잃은 한 청년을 만난다. 아라는 그

---

*　1988년, 잡지 《르네상스》에 연재되었으며, 프랑스 혁명을 현실감 있게 그려낸 작품.
**　1988년에 단행본으로 발표되었으며, 원나라 말기 한족의 저항운동을 배경으로 두 남녀의 애틋한 사랑을 그려낸 작품.

「불의 검」, 산마로가 자신을 잊어도 끝까지 그를 사랑하는 여인 아라.

에게 산마로라는 이름을 지어준다. 그리고 두 사람은 금세 사랑에 빠져 혼인을 한다. 하지만 카르마키족의 습격으로 두 사람은 헤어지고, 기억을 되찾은 산마로는 자신이 아무르족의 전사장 가라한이었음을 알게 된다. 반대로 아라와 보냈던 시간의 기억은, 모조리 잃어버렸다.

이후 아라가 겪는 고생은 이루 말할 수 없다. 산마로는 떠나고 아라는 적장 수하이 바토르에게 끌려가 성폭행을 당해 그의 아이를 임신한다. 그 와중에 언젠가 산마로를 만나면 주겠다며 제련 기술을 배워 칼을 만든다. 눈물과 사랑과 분노를 갈아 넣은 '불의 검'이다. 그리고 임신부의 몸으로 가까스로 도망쳐 가라한을 만나지만, 그는 아라를 기억하지 못하고(운명적인 끌림을 느끼긴 하지만). 아라는 "왜 나를 기억하지 못해, 왜! 왜!"라고 발악이라도 해볼 법한데 그저 목숨을 걸고 만든 검을 가라한(산마로)에게 건네주고 만다. 그리고 묵묵히 적의 아이를 낳아 키운다.*

이 만화를 처음 본 게 1992년이었다. 당시 '첫 격주간 발행 순정

---

* 그렇다고 아라가 답답이는 아니다. 그는 자신이 원하는 것을 알고 그것을 향해 움직이는 여성이다. 적장의 아이를 낳은 자신을 욕하는 사람들에게 말한다. "여자의 숙명? 그게 어쨌단 말야! 얼마든지 짓밟아봐! 난 살 거야!"

만화 잡지'라는 역사를 쓰며 등장한 《댕기》에서 연재되던 『불의 검』은 그야말로 선풍적인 인기였다. 당시 이 잡지에 연재를 한 작가들의 면면이란 '어벤저스급'이었으니, 김혜린 작가는 물론이고 신일숙, 황미나, 김진, 강경옥 등 당대를 주름잡던 작가들이 죄다 모여 있었다(심지어 『불새의 늪』 완전판을 별책부록으로 줬던 것으로 기억한다). 『불의 검』은 잡지에 실린 여러 만화 가운데서도 단연 눈에 띄는 작품이었다. 장대한 스토리는 물론이고 수묵화 같은 우아한 그림 때문에 한 장 한 장 집중하며 읽을 수밖에 없었다. 하지만 이 만화의 정서를 이해하기엔 너무 어렸던 걸까. 인생의 가장 큰 고민이 '대학에 갈 수 있을까?'였던 평범한 고등학생 이영희는, 나와는 너무 먼 곳에서 운명 같은 사랑을 만나고, 원치 않은 임신으로 미혼모가 되어 고생하는 아라를 보며 조금 두려운 마음도 들었다. 산다는 게 이렇게 힘든 일일까? 진짜? 이렇게까지 슬픈 일들이 일어난다고? 그럴 리가.

그럼에도 내가 『불의 검』에 빠져들었던 건 아마도 '사랑' 때문일 것이다. 태어나 처음으로 한 남자를 사랑하게 된 아라가 세상을 떠난 엄마를 떠올리며 "누군가를 사랑하게 되면 이렇게 불안한 거야?"라고 질문할 때, 나에게도 너무 사랑해서 잃어버릴까 두려운 사람이 생길지 모른다는 생각에 마음이 울렁거렸다. 가라한의 기억에서 자신이 사라진 걸 알면서도 남아 있는 사랑 때문에 쉽게 놓지 못하는 아라의 모습을 보며 자꾸 내 심장 언저리가 찌릿찌릿했다. '순정만화'가 '순수한 애정'을 담은 작품이라면,『불의 검』이야말로 장르명에 적합한 작품이었다고 지금도 생각한다. 읽고 또 읽어 외워버린 이 한 편의 시가 아직도 내 마음을 움직인다.

> 내 님은 나를 잊었지만 여전히 아름다우시네,
> 이 몸 이제 영영 님 품에 갈 수 없는데
> 그래도 님은 나더러 살라 하시네
> 님 보기 부끄러워서
> 외로운 두 눈 너무 마음 아파서…
> 나는 차마 님 먼저 죽을 수도 없네

『불의 검』은 무려 12년에 걸쳐 완성된다. 잘나가던 잡지《댕기》가 1996년 폐간되고, 갈 곳을 잃었던 이 작품은 2000년부터 또 다른 순정만화 잡지《화이트》로 옮겨 연재를 시작했다. 그러나《화이트》도 2001년 폐간되면서 2004년 말이 되어서야 12권짜리 단행본으로 완결됐다. 주인공만큼 작품 자체도 '생고생'을 한 셈이다. 그동안 10대 소녀는 '어쩌다 서른'이 되었고, 서른이 되어 만난 『불의 검』은 나에게 전혀 다른 이야기로 다가왔다.

오랜 기간 잡지에 연재될 때는 가까스로 줄거리를 따라가며 읽느라 만화 속의 수많은 강인한 여성들을 눈치채지 못했다. 그러나 어른이 되어 다시 만난 『불의 검』에서는 시대 탓에 역사의 주연은 될 수 없었지만, 자신의 자리에서 꿋꿋하게 삶을 살아낸 이들에 대한 작가의 깊은 애정을 느낄 수 있었다. 전쟁 통에 카르마키족에 남편을 잃고, 적의 아이를 가진 아라를 미워하다가 끝내 사랑으로 보듬어주는 청산녀. 신녀 소서노를 사랑하는 아무르족의 왕 마리한과 결혼해, 사랑받지 못하는 슬픔을 억누르며 살아가는 왕비들. 그리고 소수민족인 에벤키족 애인을 버리고 가라한과 결혼을 했다가 결국 '내가 진짜 원하는 것'을 찾아 떠나는 매력적인 여자, 해조공녀. 당시 순정만화 캐릭터로는 파격적인, 남녀 주인공 사이에서 미묘하게 썸을 타는 양성애자 바리까지. 작가는 이들의 삶을 하나하나 정성스럽게 묘사하며 소서노의 입을 통해 이렇게 말한다.

남정네들보다 더욱 많은 여인네들이
하늘님을 의지하고 눈물을 닦습니다.

그것은 결코 여인네가 힘없고 마음 약하여서가 아니라
말 못 한 설움, 인내의 시간이 그만큼 더 많기 때문이지요.
우리들은 모두 자매입니다.

『불의 검』에는 수많은 전투가 등장하지만, 결국 카르마키와 아무르의 전쟁을 끝내는 것은 하늘의 뜻을 받은 두 여성의 싸움이다. 아무르의 신녀 소서노와 카르마키의 무녀 카라는 상반되는 캐릭터다. 소서노가 아량과 인내로 주변의 고통을 내면으로 끌어안는 스타일이라면, 카라는 세상에 대한 자신의 분노를 태워 권력을 향해 내달리는 불꽃같은 여자다.

처음에는 '악역이군' 싶었던 카라는 다시 보니 이 만화에서 가장 정열적이고 매력적인 인물이었다. 어릴 적부터 왕이 된 오빠에게 학대를 당하고, 그 부조리에 치를 떨며 자라온 카라는, 단지 무녀의 자리에 머물지 않고 왕이 되기를 꿈꾼다. 심지어 여러 남자들을 안아 그들의 기를 흡수해버리는 '19금' 설정까지 등장한다.

태어나고 보니 세상은 내 아비와 오라비 같은 자들의 것이었다.
얼마나 싫고도 가소로웠는지 세상아 네가 아느냐?! (…)

『불의 검』, 자신만의 방식으로 따뜻한 위로의 말을 건네는 소서노.

내가 갖고 싶지만 내 것으로 할 수 없는 것은
누구의 것도 될 수 없어.
나는 승리하고자 몸부림친다! 그것 외의 모든 것은 잊을 테다!

결국 '세상을 갈아 마실' 권력을 탐하다 세상을 악으로 물들여버리는 카라는 악녀지만 당당하고 속 시원한 여성이었다. 그에 비해 소서노는 늘 고요하고 사려 깊어 때로는 답답해 보인다. 어릴 적부터 가라한을 사랑해왔지만, 민족의 신녀라는 자신의 신분 때문에 고백조차 제대로 하지 못한다. 결국 소서노와 카라는 민족의 운명을 두고 신녀의 자존심을 건 결투를 벌인다. 가라한에 대한 소서노의 마음을 알고 있는 카라는 이렇게 도발한다. "잘난 척해봤자 너 또한 사랑받지 못하는 여인이었더냐!" 여기서 소서노가 받아치는 답이 아주 멋지단 말이지.

내 답을 듣고 싶다면 말해주마. 내가 그를 몹시도 사랑한다.
그의 존재 자체가 그로 인한 번뇌보다 무겁다.
나는, 사랑받지 못하는 이가 아니라… 사랑하는 이다!

『불의 검』이 완결되던 2004년 12월, 난 오랜 사랑을 끝내는 중이었다. 긴 시간 많은 순간을 함께한 친구를 일상에서 떼어내는 게 쉽지 않아, 끝이 드러난 사랑을 부여잡고 절절매고 있었다. 12월 마지막 주말, 그와 자주 갔던 만화방에 혼자 들렀다가 『불의 검』 12권이 나왔다는 소식을 들었다. 어차피 할 일도 없고, 1권부터 다시 읽기 시작했다. 그러다 "사랑받지 못하는 사람이 아니라, 사랑하는 사람이다"라는, 소서노의 대사에 눈물이 터져버렸다. 상처를 차곡차곡 쌓아 올려 자신을 단단히 지탱하는 토대로 삼아버린 그 강인함이 부럽고 서러워서였다.

그리고 덧붙이자면 마흔이 되어 다시 읽은 『불의 검』은 진짜 인생 이야기 같았다. 사실은 '39금 만화'였던 것일까. 어릴 때는 답답하고 이해하기 어렵게만 느껴졌던 등장인물들의 기쁨과 고뇌와 눈물과 침묵이 그저 자연스러웠다. 물론 그 사이 내가 아라처럼 적의 아이를 낳아 기르거나, 가라한처럼 기억을 잃었다 되찾은 것은 아니다. 소서노처럼 민족의 명운에 나를 갈아 넣는 삶을 살거나 카라처럼 세상 정복을 꿈꾸다 몰락한 것도 물론 아니다.

그러나 그 사이 내 안에도 크고 작은 상흔이 쌓였던 것인지 등장인물들의 마음을 예전보단 쉽게 이해할 수 있었다. 이 정도 나이가 되면 불의 검은 아니더라도 쓸 만한 검 하나쯤은 만들어냈어야 하는데, 나는 아직도 불질에 익숙해지지 못했다. 여전히 말도 안 되는 실수를 하고, 어디에 털어놓기 민망해 아라나 바리처럼 아무도 없는 장소에서 내 몫의 부끄러움을 삼키는 시간을 때때로 맞이한다. 둘러보면 다들 그렇다. 모두들 그 나름대로 힘껏 살아왔으나 원하는 곳에 완전히 도착하진 못했고, 그 과정에서 입은 내상에 혼자 연고를 바르며 살아간다. 누군가를 만나면 그의 매끄러운 겉모습 대신 울퉁불퉁한 내면에 반응하게 되는 건 나이 탓일지도 모르겠다. 내가 그다지 좋아하지 않거나 이해하고 싶지 않은 이라도, 잘 아물지 않는 상처를 끌어안고 하루하루 멀쩡한 듯 살아가고 있는 데 대한 지극한 존경의 순간이 찾아오곤 한다.

다행히 『불의 검』은 해피엔딩이다. 그렇게나 고생하던 아라와 가라한이 다시 부부의 연을 맺게 돼 기쁘기도 했지만, 그보단 이 장면 덕분에 더 큰 감동을 느꼈다. 작품 속 최애 캐릭터가 된 카라와 소서노가 치열한 전투 끝에 나누는 마지막 대화.

"바보 같은 짓을 했다고 후회하고 있다….
이래서 계집은 안 된다니까."

『불의 검』, 카라와 소서노가 치열한 전투 끝에 나누는 마지막 대화.

어쩌면
좀 더 잘 할 수도
있었겠지.

좀 더 현명해질 수도
있었겠지.

그러나
삶에 연습이란 없고,
꿈에 실험이란 없다.

때론…
악몽일지라도
깨어나고 싶지 않은 꿈도
있는 것이다.

…그런 꿈을
꾼다는 것은
세상이
계속된다는
거겠지…

나는 다시,
또…다시…
태어날 테다.

그때엔
내가…
네 벗이 되어주마.

너…같은 친구는
사양이다.
착한…여자 따윈
필요 없어…

흥…
의외로
아주 최악의 기분은
아닌데…

조금…

…….

… 가느냐?

"아니야…. 그래서 되는 거다. 어쩌면 좀 더 잘할 수도 있었겠지.
좀 더 현명해질 수도 있었겠지. 그러나 삶에 연습이란 없고,
꿈에 실험이란 없다. 나는 다시 또 다시 태어날 테다.
그때엔 내가… 네 벗이 되어주마."

카라는 "너 같은 친구는 사양이다. 착한 여자 따윈 필요 없어."라고 답하지만 희미하게 웃는 듯 보인다. 읽기만 해도 내 마음이 든든해지는, 이 여자들의 호쾌한 이별이 나는 참 좋았다.

2부

제길,
공주가 아니었어

그 시절로 돌아가고 싶진 않지만

◇
◇
◇

이빈

『걸스』

그때 그 시절
우리는 왜 그렇게 유치해야만 했을까?
돌이켜보면 정말 낯 뜨거울 정도로 유치했지만
또 그때가 그리운 건 왜일까?

◇◇◇◇

『Girls』, 이빈 만화

1996년 잡지 《윙크》에 연재된 작품으로 환상여고에 다니는 괴짜 사총사 화정, 람바다, 무라이, 꼬마반장의 유쾌한 여고 생활을 그렸다. 여자 주인공만 등장하는 개그 만화로, 엉뚱하지만 사랑스러운 친구들의 이야기를 솔직하게 담았다.

고등학교 1학년 '물리' 첫 시간, 수업에 들어온 선생님이 가운데 맨 앞줄에 앉은 아이에게 다짜고짜 물었다. "하늘이 파란 이유는?" "네…?" 대답을 못 하자 선생님은 그 뒷자리 학생에게 같은 질문을 했다. "하늘이 파란 이유, 몰라?" 선생님, 우리는 '물리'라는 과목을 오늘, 난생처음 배우고 있단 말입니다. 맨 뒷자리 학생까지 제대로 대답을 못 하자, 선생님이 소리쳤다. "'빛의 산란' 때문이잖아! 이 바보들아!"

그리고 그 순간, 믿을 수 없는 일이 벌어졌다. 선생님이 출석부 사이에서 작은 망치를 꺼내 답을 못 한 아이들의 머리를 콩콩 때리며 교실 앞쪽으로 돌아가는 것이다. 진짜다. 콘크리트 벽에 못을 박을 때 쓰는 커다란 망치는 아니었지만, 단단한 나무 손잡이에 작은 쇠머리가 붙어 있는 진짜 '망치'였다. 망치로 학생들을 때리다니… 지금 같으면 난리 날 일이었겠으나, 그런 시절이었다(옛날 사람 인증). 그 물리 선생님은 3학년 이과반 담임이자 학생주임이었고 별명은 그 흔한 '미친개'였다.

내가 다니던 고등학교엔 이상한 선생님이 참으로 많았다. 6·25 전쟁 때 활약한 군인 형제가 이사장으로 있는 재단 내 인문계 여자 고등학교. 그래서인지 여고인데도 여자 선생님은 극소수에 '군인 출신' 남자 선생님들이 대다수였다. 우린 군대 체험을 온 게 아니라 고등학교에 진학한 것뿐이었는데, 다종다양한 형식의 폭력과 마주해야 했다. 어느 수학 선생님은 작고 긴 막대기로 아이들의 손톱만 조준해 때렸고(이게 어마어마하게 아팠다), 친구 하나는 할리퀸 로맨스를 몰래 읽다 일본어 선생님에게 출석부로 무차별 폭력을 당해 한쪽 뺨이 시퍼렇게 멍들기도 했다. 머리는 기를 수 있었지만 무스와 스프레이는 금지였는데, 그래도 우리는 몰래 스프레이로 앞머리를 단단히 고정하고 다녔다. 그러던 중, 어느 쉬는 시간에 옆 반에서 뛰어온 한 친구가 큰 소리로 말했다. "수학 X새끼가 우리 반 은영이 앞머리를 라이터로 태웠잖아!"

당하기만 한 건 아니다. 선생('님'은 생략)들의 레벨에 맞춰, 특이하고 드세고 거친 아이들 역시 많았다. 야만적인 교사들에 만만치 않은 적수였달까. 야간 자율학습은 열 시 반까지였는데 당시 어마어마하게 인기가 많았던 국민 드라마 〈여명의 눈동자〉(앗, 역시 옛날 사람)를 보겠다고 몰래 도망을 치는 아이들이 많았다. 인문계 고등학교지만 몇몇을 제외하고는 치열한 입시전쟁에 관심이 없었다. 학교 한쪽에 있던 몸을 가릴 만큼 커다란 나무 밑에는 몰래 담배를 피우는 아이들이 모여들었고 '100일주' 체험 존으로 인기를 얻기도 했다. 고등학교 2학년 때였던가. 반에서 큰 싸움이 벌어져 한 아이가 의자를 들고 휘두르다 상대 아이의 코뼈를 부러뜨리는 사건이 발생했다. 반장이었던 나는 아이들의 싸움을 말리다 의자에 등짝을 맞고 바닥에 널브러졌다. 그리고 코뼈가 부러진 친구는 병원에 몇 주간 입원했다 돌아왔는데, 으잉? 부쩍 예뻐져 있었다. "응, 코뼈 부러진 김에 성형수술 했어." 우리는 모두 부러워했다.

고등학교를 떠난 지 얼마 안 돼 읽었던 이빈의 만화 『걸스』는 그래서 유난히 재밌었는지 모른다. 잡지 《윙크》에 띄엄띄엄 연재되던 이 옴니버스 만화에는 나의 여고 시절을 떠올리게 하는 1990년대 학교 풍경이 유머러스하게 담겨 있다. 공부도 잘하지만 그만큼 잘 놀고 성질도 불같은 주인공 화정, "비가 안 오면 옛 조상들은 하늘에 어떤 예를 올렸을까"라는 국사 선생님의 질문에 "예, 100명의 스머프가 모여 춤을 추었습니다!"라고 답하는 '순백의 영혼' 람바다, 조용한 '돌+아이'인 무라이 등등. 이들은 학교가 인생의 전부였던 시절, 우리를 웃고 울게 했던 평범하고도 특이한 소녀들이다.

줄거리 역시 특별할 건 없다. 아이들은 1교시 쉬는 시간에 몰래 도시락을 까먹고, 점심시간엔 운동장 나무 밑에서 말뚝박기를 하

「걸스」, 순서대로 왕공주, 김화정, 람바다, 무라이.

고, 야자 시간에는 틈틈이 귀신을 부르는 '분신사바'를 한다("오셨나요?" "오셨으면 원을 그려주세요."). 만화책을 읽다 선생님께 빼앗기고, 보충 수업을 '째기 위해' 학교 전체에 정전을 일으키기도 한다. 수학여행에 가선 술을 마시기 위해 선생님들과 사투를 벌이고, 딱히 목표하는 대학 같은 건 없지만 시험 기간이면 친구 집에 모여 반짝 벼락치기 공부를 하는 '막 나가는 것 같은데 알고 보면 평범한' 아이들의 이야기. 대한민국 40대 이상이라면 대부분 공감할 에피소드에 웃음이 팡팡 터진다.

이 학교에도 별종 선생님이 많다. '인간수면제', '집중호우', '일기예보', '광염소나타', '피리 부는 소년' 등 소녀들의 창의성에 감탄하게 만드는 별명을 가진 선생님들. 대부분 작가의 고교 시절 실제 경험에 바탕을 둔 이야기인데 그 세세한 기억력에 존경심이 생길 정도다.* 웃음과 추억을 따뜻하게 불러일으키는 이 이야기를 요즘 고등학생들이 본다면 "뭐야, 이 예스럽고 훈훈한 이야기는?!"이라고 할지도 모르겠다. 그러나 그때나 지금이나 학교라는 한정된 장소에 갇혀 대부분의 일상을 보내는 아이들에게 친구와 선생님의

---

* 하긴 초등학교도 들어가기 전의 기억을 담은 『안녕 자두야』를 장기간 연재 중인 작가이기도 하니 그 기억력에 박수를 보내야 마땅하다.

존재는 희로애락의 가장 큰 원천일 터.『걸스』의 공부벌레 꼬마 반장은 화정 일파의 각종 만행에 불만을 터뜨리는 전학생에게 이렇게 말한다.

> 여긴 학교야.
> 우리들은 수업을 듣고 운동장에서 체육을 하고,
> 점심시간에 도시락을 먹어.
> 그리고 주위엔 선생님과 친구들이 있어.
> 가끔 입시공부에 지치기도 하지만,
> 화정이나 람바다 같은 친구들이
> 우릴 통쾌하게 웃게 만들어주기도 하지.
> 그런 괴짜들과 공부벌레들, 평범한 아이들이 있는 곳.
> 그래도 우린 모두 친구야.
> 친구들이 있으니까 학교가 즐거운 거야.

사실『걸스』가 이빈 작가의 대표작은 아니다.『크레이지 러브 스토리』,『ONE』,『포스트모더니즘 시티』 등 파격적이면서 극적 완성도가 높은 작품들이 이빈 작가의 손에서 탄생했다. 이 만화들은 일관되게 10대 시절을 다루고 있지만, 여타 순정만화들이 흔히 그렸던 평범한 소녀의 알콩달콩 사랑 이야기만 담은 것은 아니다. 이빈의 만화에 등장하는 10대들은 다들 캐릭터가 강하고, 주관이 뚜렷하며, 반항을 넘어 무시무시한 파격을 일삼는다. 『크레이지 러브 스토리』의 주인공 혜정과 성무, 보나, 지미 등은 말도 안 되는 옷차림에 '저런 애들이 어디 있어' 싶을 정도의 기행을 보여준다. 록음악을 좋아하는 무당과 요괴가 나오는 『포스트모더니즘 시티』, 10대 천재 가수와 아이돌 문화를 다룬 『ONE』에 등장하는 10대들 역시 범상치 않다.

그가 그리는 아이들은 불안의 에너지로 가득 차 있으며, 그것을 다양한 방식으로 세상에 표출한다. 그중 하나가 록음악이다. 나 역시 이빈 작가의 만화를 읽으며, 다양한 록그룹의 음악을 찾아 듣게 됐는데 너바나, 라디오헤드, 섹스피스톨즈, 도어즈 등이었다. 대표작 중 하나인 『ONE』에는 서태지를 떠올리게 하는 천재 음악소년 원영주가 등장하는데 극 중 그가 만든 '성냥개비'란 노래는 이런 가사였다.

그대로 네모난 상자 안에 죽은 듯 누워 있어
기다랗고 하얀 몸으로.

너는 성냥개비야. 성냥갑 안에서 그대로 살아. 튀지 마, 튀면 죽어.

생각해보면 매일 똑같은 일상을 살아가며 대단한 일탈 같은 건 시도도 하지 않는 아이들도 마음속에는 펄펄 끓어 폭발할 것 같은 무언가를 지니고 있었다. 그 에너지를 주체하지 못할 것 같던 우리에겐 몰입할 무언가가 필요했다. 그게 공부였다면 참 좋았겠으나, 그런 아이들은 극소수였다. 누군가는 젊은 남자 선생님, 다음엔 옆 학교 '버스남', 나중엔 짧은 머리에 키가 큰 다른 반 여학생을 덕질하며 릴레이 짝사랑을 이어가기도 했다. 어떤 친구들은 '뉴키즈온더블록'에 빠져 콘서트에 가기 위해 몇 달 전부터 조퇴 시나리오를 짰다. 나 역시 광맥을 찾는 광부의 심정으로 각종 덕질 거리를 찾아다니며 그 시절을 견뎌왔다. 배우 모 씨를 보기 위해 서울로 '공방'을 뛰고, 잿빛 눈동자*의 남주가 나오는 할리퀸 로맨스 안에서 허우적대며 대리 연애를 했고, 하루가 멀다 하고 학교 앞 지하상가 만화방을 드나들었다.

그러나 불투명한 미래와 싸웠던 그 시간이 무의미하지만은 않았던 것 같다. 수백 권이 넘는 만화를 읽으며 내가 '재밌는 이야기'에

---

* 도대체 어떤 색깔인지 실물 인간으로 확인한 적이 없어 아직도 잘 모르겠음.

사정없이 끌리는 인간이라는 걸 알게 됐고, 그런 이야기를 만드는 사람이 되고 싶단 꿈을 갖게 된 것처럼, 『걸스』에서 가장 대책 없고 무엇이든 포기가 빠른 캐릭터인 람바다 역시 포기하기 싫은 한 가지를 이 시기에 찾아냈다. 람바다는 자신이 직접 창작한 만화를 공모전에 냈다가 떨어진 것을 알고는 울먹이며 이렇게 말한다.

> *알아, 사실 난 아무것도 모르는 왕초보야.*
> *친구들이 잘 그린다고 추어주니까 그걸로 우쭐해가지고.*
> *하지만 난 잘 그리고 싶어, 정말정말 잘 그리고 싶어…*

마지막으로 고등학교 때 기억에 남는 선생님 이야기 하나 더. 당시 지금의 내 나이 정도 되었을 여자 생물 선생님이었다. 어느 수업 시간, 선생님은 우리의 지금 이 순간이 얼마나 아름답고 소중한 시기인지를 알아야 한다며 이렇게 말했다. "만약 내가 앞으로 살아갈 모든 인생을 여고생 시절 3년과 바꿀 수 있다면, 난 바꾸겠어!"

당시 나는 그 이야기에 전혀 공감하지 못했다. 선생님이 요즘 힘든 일이 있으신가, 생각했을 뿐이다. 다행인지 불행인지 지금도 선생님의 의견에 완전히 동감하진 못한다. 하지만 그 기분을 조금은

알 것 같다. 좌충우돌 끝에 이제는 정해진 트랙을 도는 열차에 올라타, 앞으로의 인생에 예상치 못한 놀라운 무언가가 일어날 거란 기대는 어려워진 나이. 불안하고 위태로웠지만 그래서 무엇이든 꿈꿀 수 있었던 고등학교 시절의 그 '가능성'을 선생님은 부러워했던 게 아닐까 하고.

내가 다니던 여고는 졸업한 뒤 오랜 시간이 흘러 시가 관리하는 '시립 고등학교'로 변신하게 되었는데, 거짓말 같은 소문이 들려왔다. "글쎄, 우리 학교에 교사자격증이 없는 선생님들이 여럿 있었대. 시립으로 바뀌면서 그 선생님들 다 잘렸다더라." 이런, 어쩐지. 거칠고 허술했던 고등학교를 다닌 덕분(?)에 나는 "존경할 만한 인간이란 없다"라는 시니컬한 인류관을 가진 어른으로 자라났다. 대신 공부에만 집중하지 않는 친구들과 어울리면서 인간의 진정한 가능성은 '딴짓'에서 나온다는 걸 일찌감치 배울 수 있었다. 어찌됐든 '망치 학주'의 충격적인 수업으로 "하늘이 파란 이유"는 평생 잊지 않게 되었으니, 감사할 이유는 있다고 해야 하나. 그러나 함정은 '빛의 산란'이란 게 당최 어떤 현상인지 지금도 설명할 자신이 없다는 것이다.

돋보기를 쓰고 봐도 좋습니다

◇
◇
◇

한승원

『프린세스』

다음 생에는 단지 너와 나로만 만나
레오-에스힐드라는 이름만으로 살자.
이 이름을 잊었거든
그저 운명인 듯 만나 살자.

◇◇◇◇

『프린세스』, 한승원 만화
1995년부터 잡지 《이슈》의 창간과 함께 연재를 시작해 이후 시즌별로 분할하여 연재해오다 2014년 네이버 웹툰에서 연재를 재개했다. 2015년부터는 휴재에 들어가 수많은 팬들이 귀환을 기다리고 있다. 아름다운 주인공들의 달달한 로맨스가 펼쳐질 것 같지만 시대의 굴레에 맞서 싸운 이들의 격정적인 이야기를 다루었다.

정말 몰랐다. 내가 이리 뒤늦게 『프린세스』의 세계에 빠지게 될 줄은. 고백하건대 학창 시절 순정만화를 꼬박꼬박 챙겨 보던 시절에도 '한승원파'는 아니었다. 『빅토리 비키』, 『노란방 여자와 파란방 남자』, 『YOU』 같은 작품들을 모두 좋아했지만, 왠지 모르게 만화 속으로 푹 잠겨들 수가 없었다. 등장인물들이 너무 예쁘고, 너무 착하고, 스토리는 애절해서였을까? (그렇다. 나는 그때나 지금이나 B급 정서의 보유자…) 아름다운 그림과 유려한 대사 때문에 오히려 나 같은 사람은 몰입이 힘들었달까.

1995년부터 보기 시작한 『프린세스』도 마찬가지였다. 주인공 비이와 비욘이 아름답고 선하고 또 조금은 무력해서, 마음을 완전히 내어줄 수 없었다. 그러다 나의 '최애 캐릭터' 에스힐드가 등장하고 흥미진진해지는가 했더니 1부가 끝이 났다. 이후엔 몹쓸 내 기억력이 문제였다. 2부가 시작되자 1부의 내용은 기억이 나지 않고, 3부가 시작되니 등장인물들이 마구 헷갈리기 시작했다. '어… 이 사람이 누구더라. 갑자기 어디서 나왔지?' 이해를 부탁하고 싶은 것이 『프린세스』는 잡지 연재 기간만 13년, 단행본 31권이라는 한국 순정만화 중 최장기, 최다 권수 연재 기록을 세우고 있는 작품이다. 배경만 해도 라미라, 아나토리아, 스가르드 등 여러 나라가

『프린세스』, 깊은 밤, 바닷가에서 아버지(비욘)를 처음으로 만난 프레이야 표르도바.

등장하고, 주요 캐릭터만 30명이 넘는다. 1세대-2세대-3세대로 이어지는 인물들의 대하 로맨스를 띄엄띄엄 따라가다 보니 얼굴을 봐도 라미라인인지, 아나토리아인인지, 누구의 아들인지 딸인지* 헷갈리는 경지(?)에 이르렀다. 그러다 결국 애정이 식어버린 (비운의) 작품이었다.

그리고 2014년이 왔다. 볼 만한 만화가 없나 웹툰 사이트를 둘러보다가 『프린세스』라는 제목을 발견했다. '프린세스? 그 한승원의 프린세스?' 2008년 연재가 중단된 후 잊고 있었다. 5부 시작을 앞두고 그동안의 연재 분량이 모두 웹에 공개됐는데, '아아, 이런 작품이었지' 하며 가벼운 추억 여행으로 시작했다가 개미지옥에 빠져들고 말았다. 이게 웬걸, 너무 재밌는 거다. 만화의 묘미는 역시 몰아보기군.** 아무튼 무려 94화에 이르는 1~4부를 일주일간 잠을 줄여가며 이어 보고 나서야 그동안의 내 부족한 팬심을 반성하며 인정하고 말았다. 아, 이것은 단연코 명작이다.

---

* 제일 헷갈렸던 인물은 루텐 토르의 딸인 테오도라와 그 엄마 이사벨. 이들이 왜 라미라로 왔는지, 왜 아나토리아로 다시 돌아갔는지가 기억이 나지 않아… 나중엔 포기했다. 하지만 두 사람은 이야기의 끝까지 주요 인물로 등장하니, 처음부터 잘 살펴볼 것.
** 나 같은 이들이 많았는지 『프린세스』는 웹에 재연재를 시작한 후 한동안 인기 만화 1위 자리에 올라 있었다. 동지들이여.

이 작품은 하나의 장르로 정의 내릴 수 없다. 대하 정치 로맨스 사극 정도면 설명이 될까? 이야기 첫머리의 주인공은 따뜻하고 풍요로운 왕국 라미라의 왕자 비욘과 유모의 딸 비이다. 이들은 어릴 적부터 서로를 운명으로 생각하며 신분의 차이를 뛰어넘는 사랑을 한다. 그리고 비욘의 수호기사이자 소꿉친구인 레오와, 총리의 딸이자 비욘의 정혼녀인 에스힐드가 운명을 건 사랑에 빠지지만, 에스힐드의 아버지인 바르데르 총리가 아나토리아와 내통해 역모를 꾀하며 세 나라의 전쟁이 시작된다는 줄거리다.

세 나라의 왕족을 둘러싼 사연과 저마다의 사랑 이야기가 광대하게 펼쳐지고 수많은 등장인물들이 나타났다 사라진다. 처음에 나온 장면이 이후 큰 사건의 복선으로 밝혀지거나 숨겨져 있던 인물들의 관계가 조금씩 드러나기도 한다. 이야기는 흥미진진하고 흐름은 탄탄하고 무엇보다 대단한 건 촘촘한 디테일이다. 수십 명이 넘는 등장인물 하나하나의 사연이 생생하고 절절하여 빠져들지 않을 수 없었던 것이다. 이 이야기 전체를 따라가려면 상당한 집중력이 필요한데, 마치 드라마 장면 전환하듯 이야기가 라미라에서 아나토리아로, 다시 스가르드로 이동하기 때문이다. 이런 전개 때문에 댓글 중에는 "작가님, 이야기가 너무 복잡해요"라는 것

『프린세스』, 가슴 아픈 사랑의 주인공 에스힐드와 레오.

도 있었는데, 이 마음 이해가 된다. 처음엔 저도 그랬거든요. 집중합시다.

   만화는 역시 종이책이지. 나는 31권으로 나온 단행본을 중고본으로 구입해 다시 읽으면서 예전엔 '너무 예뻐서 좀…' 싶었던 그림에도 여러 번 감탄하게 됐다. 우리가 '순정만화'라고 했을 때 떠올리는 바로 그것이 『프린세스』에 있었다. 발목까지 늘어지는 여주인공의 긴 머리카락, 장식 하나하나까지 세밀하게 묘사된 드레스와 액세서리, 중세 궁전의 화려한 모습 등 그림 자체의 밀도가 너무 높아 페이지를 넘길 때마다 놀랐다. 그 디테일을 다 그려낸 노고가 감탄스럽기도 했다. 각각의 등장인물이 모두 개성과 매력을 가졌지만 특히 어린 소년들의 모습이 너무 귀여웠다(어린 '히로'를 기억하시는가)!* 만화가에게 작화란 얼마나 중요한 것인지, 어느 장면을 넘겨도 아름다운 장면이 기다리고 있다는 사실만으로 만족도가 이렇게 높아지는구나 싶었다.

---

*   어린 히로가 테오도라에게 "염려마셔요, 공녀님도 제가 지켜 드릴테니" 하는 장면은 나의 최애 장면이다. 아이고 귀염 터져. 그 후 테오도라와 히로가 서로를 아끼는 모습은 이 대하 서사시의 백미. 테오도라는 히로를 두고 스가르드로 떠나며 말한다. "두고 가게 되어 너무 마음 아파. 숨을 쉴 수 없을 만큼 마음이 아파…"

이 멋진 이야기는 그러나 아직, 끝나지 않았다. 웹에서 5부 연재가 시작되고 비이와 비온의 딸 세대인 3세대의 이야기가 본격적으로 전개되나 싶었는데 안타깝게도 다시 휴재에 들어갔다. 스무 개가 넘는 『프린세스』 관련 팬카페에는 만화의 결말을 보고 싶어 하는 나이 든 팬들의 호소가 끊이질 않는다. "중학교 때 보기 시작한 만화인데 이제 딸이 중학생이 되었어요. 딸 대학 가기 전에는 결말을 알 수 있을까요?" "돋보기를 쓰고 봐도 좋아요. 작가님 제발 연재해주세요." "언제든 건강히 돌아오세요. 기다리고 있겠습니다." 등등. 당연히 나도 그들 중 한 명이다.

『프린세스』처럼, 1990년대 수많은 만화잡지들이 생겨났다 사라지기를 반복하면서 많은 만화가 미완성으로 남았다. 푹 빠져들어 읽었던 이야기가 끝맺지 못하고 미완으로 남게 될 때, 독자들이 느끼는 감정은 어쩌면 '같이 손잡고 늙어가자'던 연인이 갑자기 이별을 통보했을 때와 같은 배신감, 혹은 서운함 비슷한 것일지 모른다. 밤을 새워 열심히 공부했는데 답안지를 다 채우지도 못하고 제출해야 할 때의 허탈함과 더 닮았으려나. 그럴 때면 독자는 혼자 다음 줄거리를 이렇게 저렇게 상상해보기도 하고, 뻔하지 뭐, 아마 이렇게 끝나겠지, 기대를 포기하려 노력하기도 한다. 하지만 그 정도

『프린세스』, 히로를 두고 스가르드로 떠나는 테오도라.

…잊지 않겠습니다.

잊지 말아야 할 것들이
너무 많지만-

어머니 아닌 어머니였던
나의 테오도라님…

어느 날-

내가 아나토리아에
칼을 들어도-

내가
테오도라님을 사랑했던 것을
잊지 말아주세요.

로는 이 허전함과 찜찜함이 해소될 리 없다.*

　많은 이유를 들었지만, 내가 『프린세스』라는 만화에 빠져든 단 하나의 이유를 꼽자면 멋진 여자들 때문이라 하겠다. '공주'라는 뜻의 제목에, 시대착오적인 줄거리가 전개될 것만 같은 그림체지만 그것은 명백한 선입견이다. '프린세스'라는 제목이 붙은 건 이것이 시대의 굴레와 끝없이 싸웠던 공주들의 이야기라는 것. 그리고 주인공 비욘과 비이의 딸인 공주 프리가 아버지의 뒤를 이어 라미라의 왕좌에 올라 삼국을 통일하게 될 것이라는 결말(아직 이야기는 거기까지 진행되지 않았지만)을 암시한다.

　물론 20년 넘게 진행된 만화인 만큼 다시 읽을 때 초반에 조금 불편한 장면을 만나게 된다. 스카데이의 폭력적인 언행이나 가끔씩 등장하는 "사랑받지 못하는 여자는 죽은 여자인 거라고!" 같은

---

* 그러고 보니 『유리가면』이란 일본 만화가 있었다. 1976년에 연재를 시작해 단행본 49권까지 나왔음에도 아직까지 결말이 나지 않은 마야와 아유미의 대결! '미완결계의 레전드'로 불러 마땅한 이 만화는 '이렇게 출간이 안 되다니 내 생전엔 누가 홍천녀가 될지 알 수 없겠구나' 하고 포기하는 순간 다음 권이 나오며 40년 넘게 희망 고문을 안기고 있다. 2018년에는 연재 잡지가 폐간되었지만 작가는 SNS에 완결을 하겠다는 다짐을 남겼고… 이후 아무 소식이 없다. 인생에서 집착했던 많은 일들이 그렇듯 '아 진짜 그만하자'고 마음을 비우는 순간 마지막 권이 짜잔 하고 등장하겠지. 그래도 좋다. 나는 이 이야기의 결말을 알고 싶을 뿐이다.

대사들이 그렇다. 하지만 만화의 연재와 더불어 시대도 바뀌어온 덕분일까. 이야기 속의 여자들은 점점 더 멋있어진다. 무엇보다 이 만화에는 수많은 순정만화의 그 어떤 주인공보다 주체적이고 똑똑하고 진취적인 여성이 등장하니 그의 이름은 에스힐드다. 바르데르 총리의 외동딸로 "네가 아들이라면 얼마나 좋겠냐"라는 이야기를 평생 듣다 보니 웬만한 남자들을 넘어서는 무예와 기개를 갖추게 된 여자. 그녀는 절대 맺어질 수 없는 원수 집안의 레오를 사랑하게 되는데, 이 사랑은 또 어찌나 가슴이 아픈지. 이 책에 등장하는 수많은 커플 중 나는 이들이 제일 좋았다. 운명의 파도에 휘말려 각자 전장을 떠도는 두 사람이 때때로 마주치는 장면은 내가 『프린세스』를 계속 보는 이유였다.**

> 나는 왜 바르데르인가… 너는 왜 하필 바이다인가…
> 그것은 이 생에서 모두 끝내기로 하자…
> 다음 생에는 단지 너와 나로만 만나
> 레오-에스힐드라는 이름만으로 살자…

** 회원으로 있는 『프린세스』 팬카페에서 '연재가 다시 시작되면 가장 먼저 보고 싶은 장면' 투표가 있었다. 『프린세스』를 본 사람이라면 골라보자. 1) 아레아가 기억을 되찾길 2) 스카데이+리라 꽁냥꽁냥 3) 시벨+프리 대면 4) 세이가 여동생 구하러 간다~ 드디어! 5) 메리엔의 운명이 밝혀짐. 그런데 나는 언제나 레오와 에스힐드가 제발 맺어지기를 원한다!

『프린세스』, 2세대 주인공들이 다 모였다. (좌) 비이, 스카데이, 에스힐드. (우) 비이, 비욘, 에스힐드, 레오.

이 이름을 잊었거든 그저 운명인 듯 만나 살자…!
이것이 이 생에서 너와의 마지막이어도
후회도 없이 미련도 없이
서로를 웃으며 보내주기로 하자.

마지막으로 『프린세스』 단행본 31권 중 가장 좋아하는 한 권을 꼽으라면 16권을 고르겠다. 번외편으로 그려진 '모니카성 이야기' 말이다. 등장인물 세이*의 말을 빌리자면 "세상에는 어떻게 할 수 없는 사랑도 있다는 것", 한마디면 설명이 되겠다.

여전히 나처럼 『프린세스』를 반복해 읽으며 벅차오르는 감동을 즐기는 독자들이 많겠지만, 아직 읽어보지 않았다면 얼른 시작하기를 권한다. 감당하기 힘들 만큼 눈물이 쏟아질 것이므로 휴지를 미리 준비하라는 팁을 꼭 전하고 싶다.

---

* 아, 세이. 세이의 이야기를 하고 싶지만 너무 할 말이 많아질 것이므로 '직접 보시라'는 말로 갈음한다.

세 번째 이야기

그때 그 오빠들은 다 어디 갔을까

◇
◇
◇

이은혜

『점프트리 A+』

열여덟의 가장 소중한 곳에
너를 두었다.

◇◇◇◇

『점프트리 A+』, 이은혜 만화

1991년 잡지 《댕기》에서 연재되었으며, 작가의 다른 대표작인 『BLUE』와 함께 큰 사랑을 받았다. 해담고등학교에 입학한 신입생 유혜진이 J.T.A.라는 동아리에 들어가며 이야기가 시작된다. 혜진은 J.T.A.에서 승주, 태준, 휘경, 유선, 태림, 지현 등을 만나 순수한 우정과 사랑을 경험한다.

순정만화를 너무 열심히 본 탓에 연애사가 꼬였다, 라는 말을 자주 해왔다. 핑계잖아? 앗, 그렇습니다만… 이런 설명은 가능하다. 남자라는 이성에 대한 지식이 거의 없던, 그래서 환상에 사로잡히기 쉬웠던 사춘기부터 외모 출중하고 다정다감한 남자들이 줄줄이 등장하는 만화를 본 건 화근이었다고. 정작 실제 연애를 시작할 때가 되고 보니 내가 상상하던 그 남자들은 현실에 존재하지 않았다. 뭐지? 다들 왜 이렇게 외모는 순박하고 성격은 인간적이지? 만화광 소녀는 당황했던 것이었다.

굳이 주범을 꼽아보자면, 이 만화를 빼놓을 수 없다. 아름다운 그림체로 이름났던 이은혜 작가의 대표작 『점프트리 A+』와 『BLUE(블루)』. 고등학교 서클에서의 꽁냥꽁냥 연애사를 그린 『점프트리 A+』는 여고에 다닐 때, 대학생들의 애절한 사랑 이야기 『블루』는 재수생 시절에 봤던 걸로 기억한다.* 남녀공학에 다니는 아이들에겐 저런 심쿵할 사건들이 마구 벌어지나 봐, 막연히 동경했지만 실체는 알 수 없었고, 대학만은 꼭 남녀공학으로 가서 승표 같은 남자와 사랑에 빠져보리라 다짐했는데 현실은…. 나와 비슷한 독자 한 분이 『블루』를 떠올리며 블로그에 쓴 글을 봤다. "대학

---

* 그렇다. 재수 학원 옆 만화방은 우리의 안식처. 상처 입은 영혼들이 모여들었다.

『점프트리 A+』, 행복하게 웃고 있는 혜진과 승주, 태준, 현목.

에 가면 『블루』처럼 치열하고 가슴 아픈 사랑을 할 줄 알았죠. 만화 같은 사랑을 하기는 했는데, 순정만화가 아니라 개그만화였다는 것." 아하. 그러게 말입니다.

그런데 잡지 《윙크》가 폐간되면서 미완으로 끝나버린 『블루』가 몇 년 전 포털 사이트에서 다시 연재되기 시작했다. 반가운 마음에, 이전 내용도 복습할 겸 『점프트리 A+』와 『블루』를 통째로 다시 읽어버렸다. 근데 이게 웬걸. 나의 현실과는 너무 동떨어진 사랑 이야기라 왠지 모를 질투와 위화감만 느껴졌던 소녀 시절과는 달리, 마흔 줄에 만난 주인공들의 모습은 한없이 귀여웠다. 특히 소녀 시절의 나는 『점프트리 A+』의 주인공 유혜진을 좋아하지 않았다. 걸핏하면 "내 마음 나도 모르겠다"라며 울음을 터뜨리고, 오빠에게 매달려 징징대며 자신에게 호감을 표하는 남자들을 모두 주변에 놓아둔 채 누구도 선택하지 않는 '어장녀'였기 때문이다. 그런데 이제 와서 보니, 너그러워진다. 혜진은 스스로가 한없이 작아 보이고, 그래서 누군가 나에게 호감을 표시하는데도 선뜻 기쁘게 받아들일 수 없는 사춘기 소녀의 혼란을 겪은 것뿐이구나.

『점프트리 A+』는 유머를 탑재한 발랄한 만화인데도 가끔씩 등

「점프트리 A+」, 혜진을 향한 마음을 빙빙 돌려 고백하는 태준과 승주.

장하는 한없이 심각한 대사들이 더 재밌었다. 예를 들면 혜진보다 한 학년 선배인 태준과 승주는 베스트프렌드인데, (당연히) 둘 다 혜진을 좋아하게 되고, 두 사람이 바닷가에서 이런 대화를 한다.

> *"승주야… 만약 너를 위해 기도한 것이 나의 구원으로 돌려진다면 그냥 받아야 하는 걸까. 아니면 네게 돌려주어야 하는 걸까. 아니면…"*
> *"구원은 가장 절실한 사람한테, 구하는 자에게 돌아가는 것이지. 네게 돌려진 것이라면 네게 절실했기 때문일 거야."*
> *"너도 원하던 것이었는데? 그건 포기인가? 아니면 일종의 자위? 만약 내가 받은 구원이 내겐 별로 절실한 것이 아니었다면? 그땐 어때? 그리고 네가 그것으로 죽어가고 있었다면."*
> *"구원의 상징에 따라 다르겠지만 진실을 배반했다 해도 난 너를 단죄할 권리가 없어. 너의 구원이었으니까."*

이들의 대화를 간단히 정리하면 이렇다.

태준 : 나도 혜진이를 좋아하게 됐는데 어떡하지?
승주 : 네가 좋다면 좋아해야지 뭐 어쩔 수 있냐.

이은혜 작가의 작품은 당시에도 호오가 갈리는 편이었다. "열여덟의 가장 소중한 곳에 너를 두었다" 같은, 감성 뚝뚝 대사에 열광하는 친구들이 있었던 반면, '허세 작렬'이라며 질색하는 아이들도 있었다(나 역시 그때는 그중 하나). 하지만 그런 친구들 역시(나도) 이은혜 작가의 그림이 담겨 있는 노트나 책받침, 필통 하나쯤은 갖고 있었다. 특히 잡지《윙크》의 최대 인기작이었던 『블루』는 당시 단행본이 70만 부 이상 팔릴 정도로 인기였고, 다종다양한 굿즈가 출시됐다. 심지어 만화 OST*라는 것도 나왔었다!

밝은 분위기였던 『점프트리 A+』와는 달리 '색의 공감지대에서 만나는 로맨틱 라이프 게임'이라는 부제를 달고 있던 『블루』는 제목처럼 한없이 어두운 이야기였다. 어릴 적부터 함께 자란 승표, 해준, 연우, 그리고 대학생이 된 그들 앞에 나타난 현빈은 각자의 아픔을 끌어안고 엇갈리는 사랑을 한다. 이들을 이어주는 것은 우울의 색 '블루'. 어머니를 잃은 승표가 홀로 여행을 떠나며 남기는 이 시는 지금 봐도 난해하지만 감성만은 충만하다.

---

* 최재훈, 이정봉, 이세준 등 당시에 알아주는 발라드 가수들이 총출동했었다. '비애천사'라는 노래를 좋아했는데… 기억나시는지.

『BLUE』, 우울의 색 블루. 그 안에 잠긴 우리의 승표.

『BLUE』, 서로에게 이끌려 사랑하게 되는 승표와 현빈.

이제 무력한 가슴의 문을 닫고 작별을 하자.
극복과 굴복의 시소놀이와
너절한 변명의 보석(保釋)으로 서둘렀던 다짐들과
마침 없는 서툰 눈물의 독무를 멈추기로 하자.
후일 돌아올 그리움에 앞서
망각의 강을 건너는 고통이 온다 해도
나 이제 맹세로써 서러움과 빛을 잃은 한숨에 마침을 고한다.

이은혜 작가의 작품을 놓기 어려웠던 건 가슴에 콕콕 박히는 사랑의 아포리즘이 있었기 때문이다. 지금도 『블루』의 승표가 엠티 장소에서 현빈을 기다리며 했던 이 대사를 기억한다.

"이런 말 해도 되나?"
"어!"
"기다리면서 눈물 나더라. 보고 싶어서…"

여자 중학교, 여자 고등학교를 다니면서 만날 수 있었던 현실의 또래 남자라고는 버스에서 마주치는 옆 남학교 학생들, 아니면 주말마다 만나던 '교회 오빠들'이 전부였다. 당시만 해도 나는 꽤 열심히 학생회 활동을 하는 크리스천 소녀였다. 그리고 교회는 청소년들이 합법적으로(?) 또래 이성을 만날 수 있는 공간이었다. 부활절, 여름 수련회, 크리스마스 등 계절마다 행사도 많았던 그곳에는 지금 생각해도 재능 있는 오빠들이 참 많았다. 악기를 잘 다루고 노래도 잘하던 J오빠도 있고, 연극 때마다 주연을 도맡고 춤도 곧잘 추던 쌍둥이 형제도 있었다. 훗날 이분들은 성인이 되어 〈개그콘서트〉에 출연하는 '진짜 개그맨'이 되어 우리를 깜짝 놀라게도 했는데 말이지.

그곳에서 내가 혜진 같은 인기녀의 자리에 있었다면 참 좋았겠으나, 그렇지 못했다. 학교에서는 학급 임원을 도맡는 제법 씩씩한 학생이었던 내가, 왜 교회만 가면 그렇게 내성적이고 부끄럼이 많아졌는지. 재능 넘치고 장난기 많던 오빠들과 말을 섞는 게 참으로 힘들었다. 가끔 그들이 농담을 건네도 순발력 제로, 뭐라고 받아쳐야 할지 도무지 알 수 없었다. 내가 어마어마하게 어색해하니 그들도 나를 편하게 대해주지 않았다(고 느꼈다). '키가 크고 말이 없는 아이' 정도가 그 시절 나의 이미지였을까. 그 서먹함이 싫어서 속상했다. 오빠들과 자연스럽게 농담을 주고받고 친밀하게 속 이야기를 털어놓는 친구들이 부러웠다. 꿀 먹은 벙어리처럼 앉아 있다가 집에 돌아온 나는 『점프트리 A+』 같은 만화를 보며 "혜진이 얘는 왜 이러는 거야?" 하며 혼자 골을 냈다.

그러던 중 어떤 순간이 찾아왔다. 당시 나는 소도시 공단에 있는 중학교에서 공부 잘하는 걸로 유명한 아이였는데(느닷없는 자랑, 죄송하다), 중학교 2학년 때 중간고사에서 딱 한 번 전교 1등을 한 적이 있다. 시험이 끝난 어느 주말, 그날도 학생회 모임을 끝내고 귀가하기 싫은 청소년들이 교회 계단에 둘러앉아서 이런저런 이야기를 나누는 중이었다. 그런데 이게 무슨 일? 악기도 잘 다루고 노래도 잘한다는 그 J오빠가 구석에서 말없이 고개만 끄덕이고 있는 내게 다가와 말을 건넸다. 앗, 어떡하지. 당황했다. 그러자 오빠는 웃는 건지 비웃는 건지 헷갈리는 표정으로 이렇게 말했다. "너 중간고사 전교 1등 했다며?"

왜였을까. 전혀 자랑스럽지 않았다. 오히려 부끄러웠다. "오오, 진짜야?" "대단하다!" 주변 친구들의 쏟아지는 환호에 어디론가 숨어버리고 싶은 기분만 들었다. 제길, 왜 1등은 해가지고. 이런 이야기를 저들에게 전한 건 엄마인가, 언니인가. 내세울 것이라고는 공부밖에 없는 내가 한없이 싫고(다시 죄송), 그래서 이 사람들이 나를 편하게 대해주지 않는 건가 싶기도 하고, 나는 거의 울 것 같은 기분이 되어 황급히 자리를 떠나버렸다.

　오랜 시간이 지나 돌아보니, 알 것도 같다. 나의 많은 것들이 맘에 들지 않고, 남들이 가진 것만 한없이 커 보이던 사춘기 시절의 감정 회로는 이렇게 돌아간다는 것을. 혜진이처럼 자그맣고 귀엽지도 않은 나 같은 아이가 공부까지 잘하다니(마지막으로 죄송)! 오빠들 입장에서 내가 어려울 수밖에 없지 않겠나, 라는 생각(혹은 착각). 그건 여자는 남자보다 뛰어나면 안 된다는, 그래서는 사랑받을 수 없다는, 누가 심은 건지 모르지만 사춘기 소녀의 마음에 박혀 있던 몹쓸 고정관념 때문이었겠지. 어쩌면 J오빠는 나를 정말로 대단하다고 생각하고, 칭찬의 의미에서 말을 건넨 것일 수도 있는데.

　결국 그날의 일은 트라우마로 남았고, 성인이 되어 교회를 떠날 때까지 오빠들과는 친해지지 못했다. 서툴렀던 열몇 살의 나를 떠올리면 이제 웃음이 난다. 그리고 말해주고 싶다. 더 많이 당당해도, 자랑스러워해도 된다고. "그래, 나 1등해버렸잖아!" 호탕하게 웃어넘겼으면 좋았을 거라고 말이지. 잘못된 부끄러움은 사라질 것이고, 언젠가 그 총명함은 너에게 큰 힘이 될 테니까. "보고 싶어서 눈물 나더라" 하고 말해주는 사람? 나타난다. 근데 그거 별거 아니더라.

어쩌면 어린 시절 함께했던 만화를 다시 읽는다는 건, 그 시절의 울고 있는 꼬마에게 말을 건네는 일일지 모른다. 힘을 내. 지금은 모든 게 엉망일 것 같지만 넌 꽤 괜찮은 모습으로 살아가게 될 테니까. 음, 실상은 나중에 확인하기로 하고, 일단 오늘은 맘껏 웃으며 보내도록!

우리의 슬픈 공통분모

◇
◇
◇

한혜연

『금지된 사랑』

누군가를 죽도록 사랑했다고 해서
그 사랑이 끝났을 때
죽어야 하는 건 아니야.
그거 알지?

◇ ◇ ◇ ◇

『금지된 사랑』, 한혜연 만화
1999년부터 2000년까지 《나인》에 연재되었다. 제목은 사랑을 금지한다는 뜻이 아니라, 멈출 수 없는 사랑이라는 뜻이다. 말 못 할 상처를 가슴에 안았지만 늘 사랑하며 살아가는 여자 지이, 희성, 태경, 석희의 목소리로 20대 여성들이 느낄 수 있는 다양한 사랑의 감정을 작품에 담아냈다.

남자친구와 헤어진 스물몇 살의 주말, 처음으로 편의점에서 양주를 샀다. 이름이 욕 같아서 부를 때마다 민망해지는 그 술, 시바스 리갈 12년산이었다. 독한 술을 마시지 않고서는 잠이 올 것 같지 않아 선택한 방법이었다. 검은 봉지에 술을 담아 털레털레 돌아오니, 냉장고엔 안주가 없었다. 컵라면에 물을 부었다. 그 와중에 배는 고프고. 소주잔에 양주를 부어 훅 들이켰는데, 소독약을 마시는 기분이 이런 건가 싶었다. '그래, 지금 나에게 필요한 건 소독이야.' 한 잔 두 잔… 이상하네, 소독약이 쑥쑥 들어가. 그리고 누군가에게 전화를 걸었던 듯도 하고, 엉엉 울었던 것 같기도 하고.

  다음 날 오후 세 시쯤 눈을 떴다. 누가 머릿속에 들어가 망치로 뇌를 세게 때리고 있는 느낌. 아이고, 씻을 기운도 없어 야구 모자를 눌러쓰고 목욕탕에 가기로 했다. 몸을 불리고 때밀이 베드에 누웠는데, 세신사 아주머니가 물었다. "아가씨, 낮술 했어?" "아, 그, 그게 아니고요." 얼버무리며 몸을 내맡겼는데, 곧 위기가 찾아왔다. "자, 이제 위를 보고 누우시고." 세신사 아주머니가 배 부분에 때수건을 대고 살을 끌어올리는 순간, 속이 울렁거리기 시작했다. 아, 안 돼, 뭔가 튀어나올 것 같아. "아줌마, 잠깐만요!" 벗겨내다 만 때를 몸에 붙인 채 눈물을 흩뿌리며 화장실로 달려가는 내 인생

'원톱 흑역사'를 그렇게 썼다.

 집에 돌아와 청소를 한다. 손대는 곳마다 지뢰밭이다. 그가 두고 간 게임기부터 칫솔, 면도기, 그에게 받았던 향수, 화장품까지⋯ 떠나간 사람의 흔적이 집 안 곳곳에 남아 있다. '나는 아직 기억을 청소할 준비가 안 됐어.' 서둘러 포기하고 노트북 앞에 앉아 항공사 사이트를 뒤적거렸다. 그래, 일단 그를 떠오르게 하는 모든 것들에서 도망치자. 여기가 아닌 어딘가에서 후회인지 미련인지 그리움인지 모를 이 마음을 다 버리고 오자. 겨울이니까 더 추운 데로 가야지. 너무 추워서 뇌까지 꽁꽁 얼어붙을 만한 곳으로.

 그리고 그 겨울 홋카이도로 떠나며 챙겨 넣었던 만화가 한혜연의 『금지된 사랑』이었다.

 그즈음 나는 이 책을 여러 번 읽었다. 잠이 오지 않는 밤에 소파에 누워서 읽고, 새벽에 잠이 깨 가슴이 답답해질 때도 꺼내 읽었다. 주인공이 하는 생각과 행동이 너무 나랑 똑같아서, 나중엔 이게 작가의 말인지 내 말인지 헷갈릴 지경이 되었다. 『금지된 사랑』의 첫 장면, 주인공 지이는 5년 하고도 스무하루를 함께한 남자 친구 상민과 헤어졌다. 상민은 지이의 친구와 사랑에 빠졌다. 실연으로 갑자기 할 일이 없어진 오후, 눈이 내리는 혼잡한 거리에 멍하니 서 있는 지이. 이 장면을 들여다보고 또 봤다. 그리고 지이와 희성의 이 대사가 나오는 장면에서 마음을 꽉 다잡았다.

"나, 상민이를 정말 사랑했나 봐."
"누군가를 죽도록 사랑했다고 해서 그 사랑이 끝났을 때
죽어야 하는 건 아니야. 그거 알지."

한혜연이란 작가를 눈여겨보게 된 건 초창기 『M. 노엘』, 『일루젼』 같은 추리·호러물부터였다. 《화이트》 등의 잡지에 단편으로 연재되는 만화들을 봤는데 묘했다. 피가 뚝뚝 떨어지는 잔인한 내용들이 태연하게 펼쳐지는데 전체 분위기는 어딘지 모르게 심심하고 정갈하다고 해야 하나. 평범한 인간들의 욕망에서 시작된 범죄를 다루면서 진짜 범인의 실체는 모호하게 흐리는 독특한 형식이 좋았다. 당시에도, 지금도 한국 만화의 약한 장르 중 하나인 추리·호러물에서 완성도 높은 이야기를 선보였던 몇 안 되는 만화가였다.*

---

* 대학에서 생물학을 전공해 '이과적 상상력'이 뛰어났던 게 아닌가 추측해보기도(관계없나요?). 그는 나중에 생물학 이론을 바탕으로 한 『기묘한 생물학』이란 만화로 2011년 '오늘의 우리만화상'을 수상하기도 했다.

『금지된 사랑』, 실연한 지이를 위로하는 희성.

하지만 그의 실력은 20대 여성을 위한 사랑 이야기에서 제대로 발휘되었다고 생각한다.* 성인 여성들을 위한 순정만화 잡지가 앞다퉈 창간됐던 1990년대 말, 그 속에서 한혜연은 독보적인 존재감을 발휘했다. 그는 한참 순정·학원물의 터널을 통과해온 (나 같은) 성인 여성들의 '리얼 사랑'을 이야기할 줄 아는 드문 작가였다.

『금지된 사랑』에는 20대들의 복잡한 사랑이 여럿 들어 있다. 지이의 죽은 언니 지후를 여전히 사랑하는 태경이 있고, 여자를 사랑하는 지이의 절친 희성, 첫사랑 선생님을 잊지 못하는 석희 등. 작가는 제목을 '금지(禁止)된 사랑'으로 읽어달라고 했다. 지나간 사랑을 끌어안고 사는 사람이 있고, 사랑이 끝나자마자 새로운 사랑을 찾아 떠나는 사람이 있지만, 그 모두가 '그치지 않는, 금지(禁止)된 사랑'을 하는 사람들이란 의미다.

그가 사랑을 그려내는 방식은 놀랍도록 섬세하다. 누군가를 만나고 사랑하고 이별하는 과정 속에서 스쳐가는 생각들을 딱 잡아내, '이런 생각 하지 않았어?' 하고 독자들에게 들이미는 느낌이랄

---

* 20대 여성들의 다양한 삶을 다룬 단편집 『후르츠 칵테일』도 참 좋다. 여자들의 '특별하지 않은' 크리스마스를 담아낸 『그녀들의 크리스마스』, 『어른들의 크리스마스』 등을 크리스마스에 읽으면, 눈물이 날지도.

까. 학창 시절 좋아했던 선생님의 결혼식장에서 느꼈던 상실감이라든지, 이별 후에야 깨닫는 유행가 가사들의 절절함, 헤어진 애인과 극장에서 딱 마주쳤을 때의 그 당황스러움까지. 그가 그리는 모든 장면에서 '아, 이 기분 나도 알아'라는 감탄이 절로 나온다. 그리고 고개를 끄덕이고 있는 독자들에게 때때로 어려운 질문을 던진다.

> '사랑이 이뤄진다는 것은 무엇일까. 내가 사랑하는 사람이 나를 사랑하는 것? 그 사랑이 영원히 지속되는 것? 아니면 결혼하는 것? 그것이 사랑이 이뤄지는 것일까?'

더 없이 쓸쓸할지도 모르는 이런 이야기가 따뜻하게 느껴지는 건 그가 작품 속에서 그려내는 여성들 간의 이해와 연대 덕분이다. 그의 만화 속 절망에 빠진 여성들의 옆에는 늘 '속 깊은 동성 친구'가 있다. 사랑을 잃은 지이의 곁에는 무작정 불러내 밥을 먹자고 조르고, 미용실에 끌고 가며, 때때로 술과 안주를 들고 찾아와 한탄을 들어주는 희성이 있었다. 서로의 일상을 속속들이 알며, 나보다 먼저 내 기분을 알아차리고, 연락이 뜸할 땐 "요즘, 왜 이렇게 조용하신가?" 말을 걸어주는 그 여자들 없이 우리는 이 인생의 난관을 어떻게 헤쳐갈 수 있을까. '눈의 도시'로 향했던 그 겨울의 내 옆에도 그런 좋은 친구가 있었지. 이제야 전한다, 참 고마웠다고.

다시 작품 이야기로 돌아간다.『금지된 사랑』속 지이도, 술을 마시고 목욕탕에 갔다가 머리를 자르고 대청소를 하는 '실연 4종 세트'를 실천한 뒤, 아무리 떼어내려 해도 좀처럼 사라지지 않는 연인의 흔적을 지우기 위해 바다로 떠난다.

> *바다를 보면… 그래 바다를 보면 다 잊는다.*
> *나를 아프게 했던 그 모든 기억들, 발목을 붙잡는 그리움들…*
> *다 잊어버릴 거다.*
> *그러니까 마음이 아픈 것도 그때까지뿐이다.*

나도 지이처럼 훌쩍 떠나, 눈을 봤다. 질릴 정도로 봤다. 홋카이도가 눈의 도시란 걸 알았지만, 쉬지 않고 내릴 줄은 정말 몰랐다. 버스를 타고 달리다 보면, 도로 옆으로 치워놓은 눈들이 산처럼 쌓여 있었다. 창밖으로 눈더미를 바라보며 쿡쿡 쑤시는 마음을 꺼냈다. 이 마음을 여기에 묻고 가야지. 이 눈더미 속에. 이 도시에 봄이 오고 눈이 녹으면, 이 고통도 함께 녹아 없어져 버리도록.

(예상한 대로) 눈 속에 마음을 버리고 오겠다는 계획은 실패했다. 그 후로도 여러 번 같은 사랑 때문에 흑역사를 썼다. 그리고 다른 사랑을 시작했고, 이별을 했다. 이별은 되풀이해도 익숙해지지 않았고, 아픔을 어딘가에 던져버리거나 묻어버리는 방법 같은 건 없다는 걸 알게 됐다. 이별에도 그저 '존버'가 있을 뿐이다. 참고 또 참는 수밖에.

다만 하나는 배웠다. 하루하루 어찌 견디고는 있지만 여전히 힘겨워 아무것도 할 수 없을 것 같은 날엔 이별 후 추운 거리에 앉아 지이가 희성과 나누는 이 이야기를 떠올리면 어떨까 하는.

참 이상하더라.
저기 앉아 있는 동안 스피커로 흘러나오는 노래들을 듣는데
모두 사랑을 잃었다는 노래들뿐이더라.
대한민국엔 실연한 사람들이 그다지도 많은 건지
실연한 사람들이 음악을 많이 듣거나 판을 많이 사는 건지
아님 작사가들이 실연했을 때만 가사를 써대는 건지.
어째 죄다 실연투성이더라.

「금지된 사랑」, 실연 후 마음을 달래기 위해 바다로 떠난 지이.

『금지된 사랑』, 저마다의 방식으로 사랑하는 네 여자.

*살아가면서 누구나 몇 번 쯤은 크고 작은 실연을 하니까
아마도 그게 살아가는 사람들의
정서적 공통분모로 여겨지는 거겠지
'나 시험에서 1등 먹었어요' 같은 걸 가사로 해봐라.
공감할 사람이 몇이나 되겠어?*

슬픈 공통분모… 결국 나는 또 하나를 늘려버렸구나.

  천재지변처럼 닥친 이별은 나에게만 온 재앙이 아니며, 수많은 사람들이 나 같은 통증을 겪었고 지금도 겪고 있다고 생각하면, 나 역시 이들과의 '슬픈 공통분모'를 하나 더 늘렸을 뿐이라고 되뇌면, 정말로 조금은 괜찮아진다. 마치 내 일이 아닌 양 "다 지나간다는 거 아는데 지금 당장은 참 맘대로 안 되네요. 그죠? 힘냅시다." 라고 위로하고 싶어진다. 엄두도 나지 않던 그 죽일 놈의 사랑을 다시 한번 시작해볼까, 살며시 용기가 생길지도 모를 일이고.

3부

크게 아프고,
다시 일어서면 됐다

쓸쓸한 날엔 호텔 아프리카를

◇
◇
◇

박희정

『호텔 아프리카』

호텔 아프리카라,
그곳은 말이야
사랑 때문에 가슴이 벅찬 그런 사람들만이 오는 곳이야.
흑인이거나 백인이거나 잘살거나 못살거나
그런 건 하나도 중요하지 않아.
그저 따뜻한 가슴, 그것만이 중요한 그런 곳이야.

◇◇◇◇

『호텔 아프리카』, 박희정 만화

1995년 잡지 《윙크》에서 연재되었다. 작가 특유의 감각적인 그림과 섬세한 심리묘사가 탁월한 작품. 주인공 엘비스의 어머니 아델이 운영하는 호텔 아프리카를 배경으로, 세상에 상처받아 치유가 필요한 여러 인물의 사연을 하나씩 꺼내어 보여준다.

이 만화를, 뭐라고 설명하면 좋을까. 나는 『호텔 아프리카』를 처음 본 순간부터 사랑에 빠졌다. 좋아도 너무 좋았다. 배경도, 주인공도, 그림체도, 전반적으로 흐르는 정서까지 어쩌면 그렇게 내 맘을 두드리던지.《윙크》*라는 잡지에 이 만화가 연재되는 동안, 잡지를 사면 가장 먼저 『호텔 아프리카』를 펼쳤다. 냉면 위 계란을 먼저 먹느냐, 아껴 놨다 나중에 먹느냐로 인간의 어떤 유형이 갈린다면, 만화잡지를 대하는 우리의 태도도 그러했다. 제일 좋아하는 작품을 가장 먼저 보는가, 아껴 놨다 제일 마지막에 읽는가. 인생을 일관되게 '참을성 제로'로 살아온 나는 『호텔 아프리카』를 늘 가장 먼저 봤다. 그리고 음, 역시…. 한동안 그 내용을 음미한 뒤에야 다른 작품들을 읽기 시작했다.

배경은 미국 유타주의 인적 드문 사막에 있는 호텔 아프리카. 소년 엘비스**와 엄마 아델라이드, 아델의 엄마 마지, 그리고 아델에게 첫눈에 반해 이곳에 눌러앉은 인디언 청년 지요***가 이 곳의 주인장

---

*   『호텔 아프리카』는 1995년부터 1998년까지 《윙크》에 연재됐다. 뜬금없는 tmi지만 창간 당시 《윙크》에는 각 대학의 잘생긴 남자를 소개하는 '윙크 보이프렌드'라는 코너도 있었는데 기억하시려나. '관심 있는 사람은 연락 달라'는 멘트도.
** 꺅! 내 안의 귀염둥이 쌍두마차. 『프린세스』의 히로와 『호텔 아프리카』의 소년 엘비스.
*** 지요는 대체 무슨 일을 해서 숙박비를 내고 있는 건지 그것이 늘 궁금했다.

이다. 만화는 호텔 아프리카를 스쳐가는 각양각색의 사람들의 사연을 모은 옴니버스 형식으로 펼쳐진다. 꿈을 잃어버린 사람들, 일상의 지루함을 못 견뎌 자살을 결심한 여고생, 애정은 사라지고 증오만 남은 아버지와 아들처럼 기댈 곳이 필요한 사람들이 이곳을 찾는다.

그림으로 말하는 작가 박희정은 구구한 설명 없이 표정과 풍경만으로 사람들의 마음에 사랑이 돌아오는 과정을 또렷하게 보여준다. 오랫동안 기억에 남는 장면 중 하나. 햇빛이 눈부신 사막 한가운데 팔을 벌리고 하늘을 바라보는 지요에게 네 살배기 엘비스는 말한다. "해 아래 그렇게 오래 서 있으면 어지러워서 넘어져. 엘비스도 지난번에 아야 했어." 그리고 그 남자가 들려주는 사랑의 비밀. "사랑하면 괜찮아. 하늘도 바람도 땅도 모두, 사랑하면 돼. 그러면 그 무엇도 너를 해치지 않는단다."

누군가와 소통한다는 게 더없이 고단하게 느껴지는 날, 사람들의 시선에서 감쪽같이 증발해버리고 싶은 어느 오후, 『호텔 아프리카』를 골랐다면 무조건 성공이다. 나는 이 만화가 잡지에 연재될 때도, 단행본으로 나온 후에도 몇 번이나 되풀이해 읽었다. 돌아보면 인생에서 어떤 쓸쓸함의 시간이 닥쳐왔을 때였다. 스무 살 무렵, 짝사랑하던 '철벽남'에게 고백도 못해보고 차였을 때, 혼자 월미도에서 그 유명한 바이킹*을 타고 돌아온 날에도 『호텔 아프리카』를 읽었다. 대학을 졸업하고, 열 번째 치른 언론사 입사시험 면접에서 떨어졌다는 통보를 받았을 때도 하릴없이 신촌을 쏘다니다 만화방에 들러 이 만화를 골랐다.

그렇게 이 만화를 펼칠 때마다 이상하게 눈물을 참아야만 했다. 특별히 슬픈 이야기만 나오는 것도 아니고 오히려 마음이 따뜻해지는 소소한 에피소드들이 많았는데도 『호텔 아프리카』를 생각하면 '슬픔'이라는 단어가 먼저 떠오른다. 아마도 그림 때문 아닐까. 박희정 작가가 그려낸 인물들은 모두 별이 촘촘히 박힌 듯한 눈을 갖고 있는데 (작가가 눈 하나를 그리는 데 한 시간 이상 걸린다는 소문이 돌기도 했다) 내게는 그 눈이 늘 그렁그렁 눈물이 고인 것처럼 보였다.

---

* 이 바이킹이 왜 유명했느냐. 유독 스릴이 있었기 때문이다. 그 옛날, 안전기준 같던 건 없던(있어도 지키지 않던) 시절. 튼튼한 이중 안전벨트가 설치되어 있어야 할 (월미도) 바이킹 양 끝 맨 뒷자리에는 광목으로 만든 흰 천이 한을 품은 구렁이마냥 기다랗게 묶여 있었다(진짜다). 비장한 마음으로 광목을 몸에 두르고 바이킹에 오르면 온몸이 찌릿찌릿. 다른 생각을 할 겨를이 없었다.

이 만화가 유독 특별했던 이유가 하나 더 있다. 『호텔 아프리카』에는 당시 어떤 책이나 드라마, 영화에서도 볼 수 없는 소수자들이 등장했다. 엘비스는 흑인 밤무대 가수와 백인 여성 사이에서 태어난 혼혈 소년이고, 엄마 아델라이드는 남편을 떠나보내고 아이를 홀로 기르는 미혼모다. 이들이 사는 호텔을 찾아오는 사람도 집시, 인디언, 동성애자, 범죄자들같이 흔히 '마이너 캐릭터'라고 불리는 사람들이다. 이들은 때로는 자신들의 정체성 때문에, 때로는 어긋난 사랑 때문에 다들 조금씩 어딘가 상처를 입고 삶에 지쳐 있다. 내가 전혀 모르던 삶들이 어딘가에 존재한다는 걸 이 만화를 통해 알게 되었고, 그들이 쉬어가는 '호텔 아프리카' 같은 곳이 어딘가에는 꼭 존재하길 바랐다(오랜 시간이 흘러 미국 남부 사막을 여행하게 되었을 때 호텔 아프리카 비슷한 곳들을 두리번거리며 찾기도 했다).

하지만 이 만화는 결국 사랑 이야기, 슬프고도 따뜻한 사랑 이야기다. 그것이 연인 간의 사랑이든 부모 자식 간의 사랑이든, 친구간의 교감이든 모두 삐걱대는 사랑 때문에 휘청이는 마음으로 호텔 아프리카를 찾는다. 그리고 이곳을 떠날 때쯤엔, 그것이 어떤 방향이든 자신을 추스르고 새로운 걸음을 내딛는다는 사실이 좋았다. 언젠가 다시 삐걱댈지 모르고, 쉽사리 절망에 빠지기도 하겠지만 그래도 슬픔의 한가운데서 잠시 마음을 다잡고 숨을 고를 시간이 우리에겐 필요하니까.

좋아하는 에피소드가 너무 많아 하나를 고르기 쉽지 않지만, 역시 엘비스의 엄마 아델과 아빠 트란의 이야기를 빼놓을 수 없다. 트란은 뉴욕 밤거리의 무명 가수. 잡초처럼 사느라 글도, 꿈도 배우지 못했다. 흑인이기에 받아야만 했던 사람들의 멸시를 감내하며 살아온 스무 해. 어느 날 엘비스 프레슬리를 만나겠다고 무작정 상경한 철없는 여자 아델이 엘비스 프레슬리 분장을 한 트란의 목소리에 그만 반해버린다. 그렇게 둘은 서로의 마음을 확인하고, 트란은 그녀를 만나 글을 깨치고 태어나 처음 기댈 곳을 찾아낸다. "어쩌면 태어나지 않아도 좋았을 인생이었어"라고 말하던 그는 '일 년 내내 따뜻한 곳에 모든 사람에게 넉넉하게 열려 있는 집을 짓겠다'는 꿈을 갖는다. 하지만 꿈을 이루지 못하고 사고로 허망하게 세상을 떠나는 트란, 아델은 고향으로 돌아와 그를 닮은 아이를 낳는다.

이야기의 다른 한 축은 성인이 되어 뉴욕에서 영화를 공부하는 엘비스와 그의 친구 쥴, 에드의 이야기다. 그중에서도 팬들이 가장 열광했던 에피소드는 아마 에드와 그가 사랑했던 남자 이안의 사

『호텔 아프리카』, 이안의 텅 빈 눈동자를 슬퍼하는 에드.

연이 아닐까. 에드는 죽음과 허무의 그림자를 지닌 이안에게 정신없이 빠져들지만 이안에게는 극복할 수 없는 사랑의 상처가 있었다. 상처 속에 사는 이안과, 그런 이안을 불안해하는 에드를 바라보고 있으면 내 마음도 내려앉는 것 같았다. 그리고 이안은 에드를 떠나며 이런 말을 남긴다.

> 조금 더 일찍 만났어야 했어.
> 파비안느의 어머니가 그녀를 데리고 우리 집에 찾아왔던
> 5년 전 그 여름보다 더.
> 그녀를 사랑했어. 그리고 너를 사랑했어. 그게 내 삶의 전부야.*

가장 많이 울었던 이야기 하나 더. 34년 전, 결혼하면서 고향을 떠났던 노년의 여성 에이미가 호텔 아프리카를 찾아온다. 고향에는 그가 결혼하기 전 사랑했던 연인이 있었고, 에이미는 그가 사망했다는 소식과 함께 "호텔 아프리카를 가보라"는 유언을 전해 들었다고 했다. 엘비스의 할머니 마지는 에이미에게 수천 통이 넘는 편지를 건넨다. 한 남자가 자신을 버리고 떠난 연인에게 마음을 담

---

* 이 에피소드는 무조건 그림으로 봐야 한다. 이안의 그 외로운 눈동자를 어찌 말로 설명할 수 있을까. 남자들의 슬픈 사랑이야기를 좋아한다면 박희정 작가의 또 하나의 걸작이라 할 수 있는 『마틴 앤 존』을 꼭 읽어볼 것. 이 만화 역시 너무 아름답다. 엄지 척.

아버지…

사람들은 누구나…

약간의 슬픔을 간직하고 살아야 하는 존재인지도 몰라.

너도 에드도 나도… 세상 사람 모두 말이야.

하지만… 쥴라이…

너무나 큰 슬픔을 가슴에 묻어 두어야 할 마음대로 눈물조차 흘리지 못한다는 사실을 알고 있니….

「호텔 아프리카」, 잠든 쥴라이가 아버지를 찾는 모습을 보고 안타까워 하는 앨비스.

아 30년간 써내려간 편지다. 앞을 보지 못하는 장애를 가진 그 남자가 쓴 편지는 같은 문장으로만 채워져 있었다. "I Love You."

흐느낌도 없이 담담하게 편지들을 하나하나 읽어 내려간 노부인은 아델라이드를 사랑하는 지오에게 이런 글을 남기고 호텔 아프리카를 떠난다.

'그녀를 사랑한다면 죽어도 그녀를 놓치지 말게. 진짜 사랑은 그리 쉽게 찾아오는 게 아니야. 사랑을 놓치고 평생 그리움에 목말라하며 살아왔던 어리석은 인생의 선배로서 하는 말이네. 그런 삶은 정말이지 견디기 힘들어, 정말로.'

'사람들은 누구나, 약간의 슬픔을 간직하고 살아야 할 존재인지도 모른다'는 『호텔 아프리카』의 대사처럼, 참았던 슬픔이 흘러넘쳐 어찌해야 할지 모르는 날들이 있다. 어떤 밤엔 술을 마셨고, 어떤 낮엔 소파에 길게 누워 몸을 비틀며 끙끙댔다. 흐느끼는 소리가 옆집까지 새어나갈까 청소기를 돌리며 펑펑 울었던 날, 먼지 하나 없이 깨끗한 방바닥에 눈물이 뚝뚝 떨어졌다.

내 안에도 그리고 누군가의 안에도 소화시키거나 토해내지 못

『호텔 아프리카』, 눈 내리던 어느 날, 불쑥 돌아온 지요와 그를 맞이하는 아델라이드.

한 슬픔이 조금씩 남아 있을 것이다. 그리고 그 슬픔들이 지치고 쓸쓸한 밤 우리를 공격해올지 모른다. 그럴 때 잠시 쉴 수 있는 '호텔 아프리카' 같은 곳을 찾아냈다면 행운일 것이다. 그렇지 않다면 이 책 『호텔 아프리카』를 꺼내드는 것도 하나의 방법이다. 호텔을 찾아왔다 떠나는 사람들의 슬픔에 함께 울고 웃다 보면, 그리고 이 따뜻한 마지막 장면을 펼치면 분명 마음의 온도가 조금쯤은 올라갈 테니까.

> 사람들은 누구나
> 소중한 그 누군가를 기다리며 사는 존재일지도 모른다.
> 만약에 소중한 그들이 지치고 피곤한 모습으로 우리 앞에 서면
> 어떤 장황한 위로의 말도 필요 없을 것이다.
> 이 한마디
> "어서 와요, 돌아와서 기뻐요… 정말로."
> 이 한마디로도 그들의 가슴은 따뜻해질 테니….

두 번째 이야기

한 세계를 부수고 나아간다는 것

◇
◇
◇

강경옥

『별빛속에』

아아, 나는 무엇인가?
나는 무엇 때문에 존재하는 건가?
내가 이렇게 살아야 할 이유는 무엇이지?
나의 진짜 삶의 목적은?

◇ ◇ ◇ ◇

『별빛속에』, 강경옥 만화

1987년부터 단행본으로 발표되어 1990년 21권으로 완결되었다. 밤하늘을 바라보며 우주를 동경하던 평범한 소녀 신혜가 어느 날 초능력자 레디온과 사라를 만나 자신이 외계행성 카피온의 왕녀임을 알게 되면서 벌어지는 이야기. 대한민국 순정만화 최초의 SF로 평가받는 작품이다.

수업 시간에 잘 졸지 않는 학생이었다. 익숙한 자리가 아니면 좀처럼 잠들지 못하는 예민함은 그때부터여서 교과서를 병풍처럼 세운 채 그 사이에 고개를 밀어 넣고 잠을 청하는 짝을 부러워했다. 대신 수업에 집중했다면 참 좋았겠지만 알다시피 너무 재미가 없었다. 그럴 때마다 나는 텅 빈 눈동자로 교탁을 바라보며, 머릿속으론 다른 세계를 마구 헤매고 다녔다. 부적절한 자리에서 끝없는 공상에 빠져드는 버릇은 지금도 여전하니, 이거 가혹한 입시교육의 산물이었던 게다.

공상의 테마는 주로 이런 거였다. 어느 날 양복 차림의 한 남자가 학교로 찾아온다. 수업 중인 나를 교실 밖으로 불러내 이렇게 말한다. "사실 이 양은 우리 모모그룹 회장님의 잃어버린 셋째 딸이었습니다. 태어난 병원에서 간호사의 실수로 아기가 바뀌었던 거죠. 그동안 얼마나 찾아 헤맸는지 아십니까? 자, 회장님이 기다리십니다. 함께 가시죠." 고생하며 키워준 엄마 아빠에겐 참으로 죄송한 '재벌집 딸' 레퍼토리. 또 하나의 주된 주제는 당시 좋아했던 연예인 A씨와 우연히 마주쳐 사랑에 빠진다는 내용이었다. 상상 속 나는 대학생이 되었고, 그가 살던 동네의 커피숍에서 아르바이트를 시작한다. 어느 날 모자를 눌러쓰고 집 주변을 산책하던 그

『별빛속에』, 신비로운 모습의 시이라젠느.

가 카페에 들어오는데… 나는 그를 알아보고도 모르는 척 주문을 받고, '나 같은 톱스타를 못 알아보다니 이런 여자 처음이야' 하며 의아해하는 A씨. 그리고 사랑이 시작된다는, 1990년대 로코스러운 상상력이었다.

『별빛속에』의 주인공 신혜도 그런 여고생이었다. 다른 점이라면 신혜의 상상력은 나에 비해 훨씬 스케일이 컸다는 것. 신혜는 밤하늘을 자주 바라다보며 저 넓은 우주에 우리와는 다른 생명체의 삶이 존재한다고 믿는다. '이대로 대학에 가고 취직을 하고 결혼을 하고, 뻔하게 흘러갈 미래는 지루해'라고 생각하는 신혜. 어느 날 그의 앞에 초능력자인 사라와 그를 지키는 레디온이 나타나고, 알고 보니 신혜가 외계의 별 카피온의 제1왕녀 시이라젠느*였다는 줄거리. 강경옥 작가가 이 작품을 발표한 게 20대 초반의 나이였고 10대 시절부터 구상했던 작품이었다 하니, 내가 실없는 공상으로 10대 시절을 허비하는 동안 작가의 머릿속에선 이렇게 멋진 이야기가 탄생했다는 것이다.

---

* 시이라젠느라는 이름이 너무 멋있었다. 성인이 되어 여러 사이트에서 닉네임으로 써보려고 했지만, 매번 '이미 사용중인 아이디'란다. 나와 비슷한 생각을 하는 사람들이 이렇게나 많다고?

순정만화를 '여자아이들의 유치한 사랑 이야기' 정도로 생각하는 사람이 아직 남아 있다면, 강경옥 작가의 작품을 읽게 해야 한다고 늘 생각해왔다. 그만큼 그의 작품세계는 특별했다. 먼 우주 행성을 배경으로 한 『별빛속에』를 처음 접했을 때의 충격이란. 블랙홀은 무엇이며 텔레포트는 또 뭐란 말인가. 문과생의 놀라움은 계속됐다. 핵폭발 이후의 지구와 화성을 배경으로 복제인간의 정체성 문제를 다룬다든가(『노말 시티』), 미래 우주 도시가 등장하는 (『라비헴 폴리스』) 등 그가 만들어낸 세계는 10대의 상식을 넘어서는 그 무엇이었다. 스릴러물의 즐거움을 배운 것도 강경옥 작가에게서였다. 『두 사람이다』에서 갑자기 돌변한 엄마가 주인공 지나에게 칼을 휘두르는 장면을 보다 너무 놀라 만화책을 떨어뜨리기도 했으니, 무엇을 상상하든 그 이상을 보여주는 게 작가의 특기였다.

하지만 그런 새로움이 전부는 아니다. 그의 만화가 10대들의 마음을 진짜 사로잡았던 이유는 아마 처음 보는 세계 속에 열몇 살의 우리가 겪고 있던, 그리고 앞으로도 계속될 것으로 보이는 고민을 진하게 담고 있었기 때문이었다. '나는 누구이며, 왜 여기에 와 있고, 어떤 선택을 해야 하는가'라는 고민. 한 인터뷰에서 강경옥 작가는 "작가가 되려면 잔인해져야 한다"라는 말을 했는데, 신혜가 카피온의 왕녀 시이라젠느가 되기 위해 겪는 고통은 엄청나다. 아버지, 이모, 친구… 지구에서 그가 사랑하던 이들은 다들 죽음을 맞는다. 카피온의 왕녀가 되어서도 멋진 왕자와 아름다운 사랑을 나누는 내용은 거의 없다(물론 그를 사랑하는 남자들은 여럿이지만). 사실 이 작품의 중요한 장면 대부분은 신을 부르며 고뇌하는 시이라젠느로 채워진다.

"아아, 나는 무엇인가? 나는 무엇 때문에 존재하는 건가? 내가 이렇게 살아야 할 이유는 무엇이지? 나의 진짜 삶의 목적은?"

"내가 만들어낸 현실이 신의 아량으로 되었건 내 자신의 능력으로 되었건 그래도 현실은 변하지 않고 존재하고 나는 계속 선택해야 하고… 그런 반복의 반복을 겪으며 결국 포기하지 못하는 것일 뿐이다. (…) 언제나… 기다리며… 이 시간에 나의 길을 갈 뿐이다. 신의 뜻대로 혹은 나의 뜻대로…"

교실에서 만화를 돌려 보던 친구들 중엔 강경옥 작가 팬이 꽤 많았다. 조용하고 어른스러운 친구들이었다. 삶과 죽음, 신의 존재와 정체성 등 지금 다시 읽어보면 10대 청소년이 이해하기엔 지나치

신의 아량으로 되었건
내 자신의 능력으로 되었건

그래도 현실은 변하지 않고 존재하고…

나는 계속 선택해야 하고…

그런 반복의 반복을 겪으며
결국 포기하지
못하는 것일 뿐이다…

언제나
언제나 단지 그것 뿐

언제나…
…기다리며…

이… 시간에 나의 길을 갈 뿐이다…

신의 뜻대로…
혹은 나의 뜻대로…

『별빛속에』, 강인한 시이라젠느의 뒷모습.

게 무거운 주제들이 이어지는 작품이지만, 영문도 모르는 이 암울한 고뇌의 장면들이 묘하게 마음을 울렸다. 인간이 새로운 세계에 한 걸음을 딛기 위해선 익숙한 세계를 파괴해야 한다는 것. 크든 작든 우리의 삶은 앞으로 그런 선택들로 이어질 것이란 사실. 그리고 그 과정엔 커다란 슬픔과 절망이 기다리고 있을지도 모른다는 두려움이 어린 나를 흔들었다.

하지만 결국 우리를 펑펑 울린 건 역시 또 '순정'이었다. 1990년의 어느 아침, 친구 중 하나가 눈자위가 벌겋게 부은 채로 학교에 왔다. "왜 그래? 무슨 일 있어?" "레디온이 죽었잖아…" 전날 『별빛속에』의 완결편이 나왔고, 시이라젠느를 말없이 사랑하던 흑발의 냉미남 레디온은 카피온 행성을 지키다 숨을 거둔다. 마지막 순간에 사랑했던 시이라젠느에게 이렇게 말한다.

부탁입니다. 더 이상 아파하지 말아주세요.
아니면 여기까지 온 이유가 없습니다.
사랑하고 있습니다. 나의 시이라젠느.

자신 앞에서 숨을 거둔 레디온에게 살짝 입을 맞추고, 카피온의

『별빛속에』, 당시 소녀들의 완벽한 이상형이었던 레디온.

여왕이 되기 위해 눈물을 흩뿌리며 사막을 걸어가는 시이라젠느의 뒷모습은 지금 봐도 가슴이 먹먹하다. 그 모습은 역대 순정만화 중 가장 슬픈 장면으로 내 안에 남아 있다.

> *"그것은, 인간 최대의 약점 또는 최대의 강점.*
> *몇 년, 몇백 년, 몇천 년이 흘러도,*
> *단지… 사랑하고 있었다는 사실 하나만은 절대로 잊지 않는 것…"*

언젠가 써먹을 일이 있을까 싶어 적어놓았던 『노말 시티』의 이 대사도 기억난다. 마르스와 이샤의, 가슴 아린 이별 장면에 등장했던.

> *"사랑해. 너는 내 인생의 빛이었어."*
> *"너도야."*

몇 년 전, 영화 〈그래비티〉를 보다가 갑자기 『별빛속에』를 떠올렸다. 우주에 혼자 남겨진 라이언(산드라 블록)이 불타는 우주선 안에서 이대로 죽음을 맞을 것인가, 아니면 아주 작은 가능성에 운명을 걸고 지구로 귀환할 것인가를 고민하는 장면을 보던 중이었다. 문득 『별빛속에』의 마지막 장면, 임무를 마치고 지구로 돌아온 신

아름다운 별들이다…

『별빛속에』, 임무를 마치고 지구로 돌아와 밤하늘을 바라보는 시이라젠느.

혜가 별이 가득한 밤하늘을 바라보며 "아름다운 별들이다…"라고 중얼거리는 모습이 겹쳤다.

수업 시간에 떠올린 그 많은 장면들은 당연히 공상으로 그쳤다. 알고 보니 재벌집 딸, 이었을리 없고, 대학생이 되고 나니 알바는 무슨, 좋아했던 연예인에 대한 관심은 한여름 눈사람처럼 흐물흐물 녹아내렸다. 레디온이 죽었다며 대성통곡하던 친구는 결혼과 함께 미국으로 이민을 갔다고 들었다. 크고 작은 선택과 포기의 과정을 거치면서 다들 자기 자리에서 여전히 '나는 누구인가?' 혹은 이것이 신의 뜻인지 나의 뜻인지를 고민하며 꿋꿋이 살고 있을 것이다.

가끔 '사는 게 참 쉽지 않구나' 싶은 날엔 밤하늘을 올려다본다. 신혜가 바라보던 그 총총한 별들은 아니지만 도심의 하늘에서 기를 쓰고 빛나는 별들을 바라보며 이과적 상상력을 총동원해 거대한 우주를 그려본다. 그리고 그 커다란 우주 속, 먼지보다 작은 내 삶의 의미와 무의미를 생각하고는, 시이라젠느처럼 툭툭 털고 일어나 다시 걸어간다. 할 수 있는 일이란 그것밖에 없으므로.

세상엔 다양한 모양의 삶이 있지

◇
◇
◇

유시진

『폐쇄자』

한번 도망치려고
정말로 마음먹는다면-
그 무엇으로부터든 도망칠 수 있어.
자신으로부터도.

◇ ◇ ◇ ◇

『폐쇄자』, 유시진 만화
2000년에 발표된 작품으로 수많은 평행우주 가운데 각각의 세계를 열고 닫는 능력을 지닌 인물들이 등장하는 독특한 설정의 만화. 여러 차원의 세계를 오갈 수 있으며 그 세계를 유지시키는 키퍼(keeper)이자 그것을 닫아버릴 수도 있는 폐쇄자(closer)인 주인공 쿤을 중심으로 산카, 히이사가 등장하며 이야기가 펼쳐진다.

유시진 작가의 만화 『쿨 핫』에 등장하는 동경이와 비슷한 느낌의 아이를 만난 적이 있다. 때는 고등학교 2학년, 지역 학교들의 학생회 멤버가 모이는 수련회에서 옆 여고에서 온 그 애에게 시선이 자꾸 갔다. 큰 키에 긴 생머리, 유난히 검은 눈동자를 갖고 있던 아이. 눈 주변이 묘하게 거무스름해 신비한 인상을 풍겼다. 같이 간 옆 반 반장에게 "쟤 누군지 알아?"라고 묻자 이런 답이 돌아왔다. "누구? 저 다크서클?" "응? 다크서클이 뭐야?" 열여덟, '다크서클'의 의미를 몰랐던, 빛나는 (피부의) 나이였다.

　1박 2일 수련회를 마치고 돌아와서도 그 '다크서클녀'가 자꾸 떠올랐다. 자려고 누우면 온통 그 아이 생각. 나와 같은 성별의 누군가에게 이렇게 신경이 쓰이고 마음이 간 건 처음이었다. 어찌어찌 수소문해 그 아이의 이름과 옆 학교 전교 부회장이란 사실, 이과라 의대를 지망한다는 이야기 등을 알아냈다. 그 애와 다시 만날 방법을 몰라 조바심 내던 내게 발 넓고 명랑한 옆 반 반장(다크서클의 의미를 알고 있던 바로 그 소녀)이 구세주가 되어주었다. 어느 주말, 수련회에 참가했던 우리 학교와 그 학교 아이들 몇 명이 만나는 자리를 마련한 것. 그 자리에서 그 애와 인사를 나눴고, 우리는 곧 친해졌다. 그 애와 내 학교가 걸어서 5분 남짓한 거리에 있었기에, 우리는 야간 자율학습이 시작되기 전 학교 앞 분식집에서 만나 가끔 저녁을 먹곤 했다. 차가워 보이던 첫인상과는 다르게 명랑하고 웃음이 많은 아이였다. 라볶이와 쫄면을 먹으며 무슨 얘기를 나눴는지는 잊었지만, 밥을 먹고 각자의 학교로 돌아가던 길엔, 뭔가 비밀스러운 사랑을 하고 있단 느낌에 심장이 콩콩 뛰었던 기억이 난다.

여학생들끼리의 연애야 뭐 이상할 것은 없었다. 여중고에는 그런 미묘한 관계가 넘쳐났다. 누구 누구가 사귄다는 소문이 돌고, 늘 어떤 선배의 뒤를 따르는 후배들이 있었다. 어떤 것은 사랑이고 또는 우정이며 동경이었겠지. 중학교 땐 두 아이가 운동장 한쪽 구석에서 입맞춤을 하다가 선생님께 들켜 "천벌 받는다"고 혼이 났단 소식도 들려왔다. 키 순서로 전교 톱10에 들던 나 역시 몇 번 후배들의 편지를 받은 적이 있었는데, 돌돌 만 색지에 이런 글이 적혀 있었다. "언니 주말에 지하상가 만화방에 자주 가시죠? 친구들이 본 적 있대요. 무슨 만화를 좋아하시는지 궁금해요."*

유시진 작가의 만화는 끊임없이 누군가를 사랑하고 누군가에게

---

* 지하상가 만화방에 자주 간 이유는 만화도 만화지만 만화방 앞 점포에서 팔던 와플을 먹기 위해서이기도 했다. 쫄깃한 벨기에식 와플 말고, 바삭한 한국식 와플. 잼과 버터를 바르면 꿀맛. 친구들 생일 땐 케익을 대신하기도 했다.

사랑받고 싶었던 그 시절을 떠올리게 만든다. 그의 작품을 이루는 큰 틀은 '판타지+청소년의 성장담'인데, 그 어떤 작품이든 낯선 세계(혹은 사람)를 만나 견고하던 자신의 테두리를 부수며 변화해가는 인물들이 등장한다. 그의 작품에 나오는 쿨하고 당당하고, 냉소적인 아이들을 좋아했다. 『쿨 핫』에는 남자인지 여자인지 구분이 가지 않는 외모를 지닌 주인공 루다가 있다. 루다는 어디에 있건 눈에 띄는 존재지만 우쭐하거나 동요하지 않고 자신의 페이스를 지키며 살아간다. 선생님들이 "2세를 위해서라도 공부 못하는 며느리감은 인기가 없다"거나 "여자란 아무리 잘났어도 집안일을 해야 하는 숙명"이라는 말을 태연하게 하던 시대, "숙명 같은 소리 하고 있네"라며 흘려들을 줄 아는 심지를 지닌 고등학생. 그런 루다의 눈에 같은 반의 '얼음공주' 동경이 눈에 띄고, 루다는 알 수 없는 이 끌림에 주저함이나 망설임 없이 그의 세계 속으로 뛰어 들어간다.

"사람에게 기대하는 것은 나약한 이들이나 하는 짓"이라며 마음을 걸어 잠근 동경은 순수하고 거침없는 루다의 애정에 흔들리기 시작한다. 예기치 않았던 누군가가 내 삶에 불쑥 들어오면서 세상과 인간에 대한 '기대'를 갖게 된 것이다.

『쿨핫』, 중성적인 매력의 루다와 얼음공주 동경.

그리고 만일 여기 있는 이 이상한 애하고 내가 친해진다면 나는 친구 비슷한 것도 얻을 수 있을 것이다. (…) 그리고 만일 '진짜'인 것으로 밝혀진다면, 나는 행운아가 되겠지. 이 어둡고 어두운 세계에서 밝은 등불을 손에 넣은.

그 외 학교 내 유명 서클인 '가디록'의 회원들을 중심으로 각 인물의 사연과 경험이 옴니버스 형식으로 펼쳐지는데, 화자가 누구인가에 따라 똑같은 이야기가 다양한 모습으로 변주되는 구성이 흥미롭다. 이들은 학교라는 공간에서 누군가를 만나고 사랑하는데, 그 모습은 여러가지다. 작가는 서문에서 이렇게 밝혔다. "개인적으로 나는 자신이 80~90% 이상 공감할 수 있는 것만을 받아들이는 그런 종류의 인간이 되고 싶지는 않다. 관용을 터득하고 싶다. 그게 내가 이 만화를 시작하기 전에 잡아놓은 포인트고, 그에 따른 전개 방식과 연출 방식을 택했다"라고. 그래서인지, 이 만화의 등장인물들은 이 사회가 요구하는 '기준'과는 조금 다른 아이들이다. 루다는 '여성스럽지' 않고, 같은 서클의 금진성은 '남자답지' 않으며 동경과 재련은 자기 기준이 엄격해 (특히 남자들에게) '어려운' 존재다. 선우람은 남자 선배인 루리를 좋아한다. 이렇게 사회적 기준에서 '벗어나는' 아이들이 나와는 다른 누군가를 소중히 여기게

『폐쇄자』, 엠버라는 세계의 키퍼이자 클로저인 쿤.

되면서, 껍질을 깨고 자신과 바깥세상을 받아들이는 과정을 작가는 꽤나 섬세하고 세련된 방식으로 보여준다.

  이런 매력 때문에『쿨 핫』을 좋아했지만 유시진의 작품 중 가장 쿨하면서도 핫한 작품인『폐쇄자』이야기를 하지 않을 수 없다. 처음 이 작품을 읽었을 때 나는 "영화〈매트릭스〉보다『폐쇄자』가 더 재미있다"라는 내용의 칼럼을 쓴 적도 있다.『삼국유사』에 등장하는 '처용설화'를 기본 모티브로 하고 있는『마니』등 유시진 작가의 작품에는 독특하고 신선한 설정이 많지만『폐쇄자』는 그중 최고라 생각한다. 아주 잘 짜인 한 편의 판타지이자 끔찍하게 아름다운 사랑 이야기.

  거미줄이 만들어내는 수많은 공간만큼의 다양한 세상이 존재한다는 '평행우주적' 상상력, 그리고 그 세계 하나하나를 유지시키고 닫을 수 있는 힘을 가진 키퍼(keeper)이자 클로저(closer)가 있다는 설정도 신선했다. 하지만 무엇보다 강렬한 것은 이야기를 이끌어가는 히이사와 쿤의 사랑이다. 히이사는 '엠버'라는 세계의 키퍼이자 클로저인 쿤을 사랑했고, 질투심에 사로잡혀 쿤이 마음을 준 다른 세계의 존재 샨카를 제거한다. 그러고는 사랑을 잃고 절망에 빠진 쿤을 이끌고 계속 다른 세상으로 옮겨 다니며 쿤에게 새로운 기억을 심는다. 어떤 세상에서는 그의 아버지가 되고 때로는 형이나 하나밖에 없는 친구가 되면서.

그러나 쿤의 안에 있던 폐쇄자로서의 본성이 자꾸 깨어나고, 결국 자신이 누구인지를 자각한 쿤과 히이사가 함께 세상의 종말을 선택하는 『폐쇄자』의 마지막 장면은, 내가 본 모든 만화의 결말 중 가장 인상적이었다. 호젓한 바닷가에 두 사람이 누웠고, 죽음과 함께 그들의 세계가 닫혀버린다. 그리고 히이사가 멋지게 말한다.

파멸로 치닫게 된다는 거, 아마 느끼고 있었을 거야. 그런데 말야… 그런 거 전혀 상관없었어. 왜냐면 인간이란 자기 자신에게서 벗어날 수가 없으므로. 그걸 뛰어넘는 것은 그토록이나 불가능한 것이므로. 눈을 감고 전혀 다른 인간인 척 스스로를 속여봤자, 눈을 뜬 순간 무섭도록 정확히 바로 그 자리에 돌아와 있다.
그래서… 이것이 종말이다.

다시 내 이야기로 돌아오자면, 내 인생 처음이자 마지막 동성 연인이었던 '다크서클녀'와의 만남은 몇 개월 못 가 끝이 나고 말았

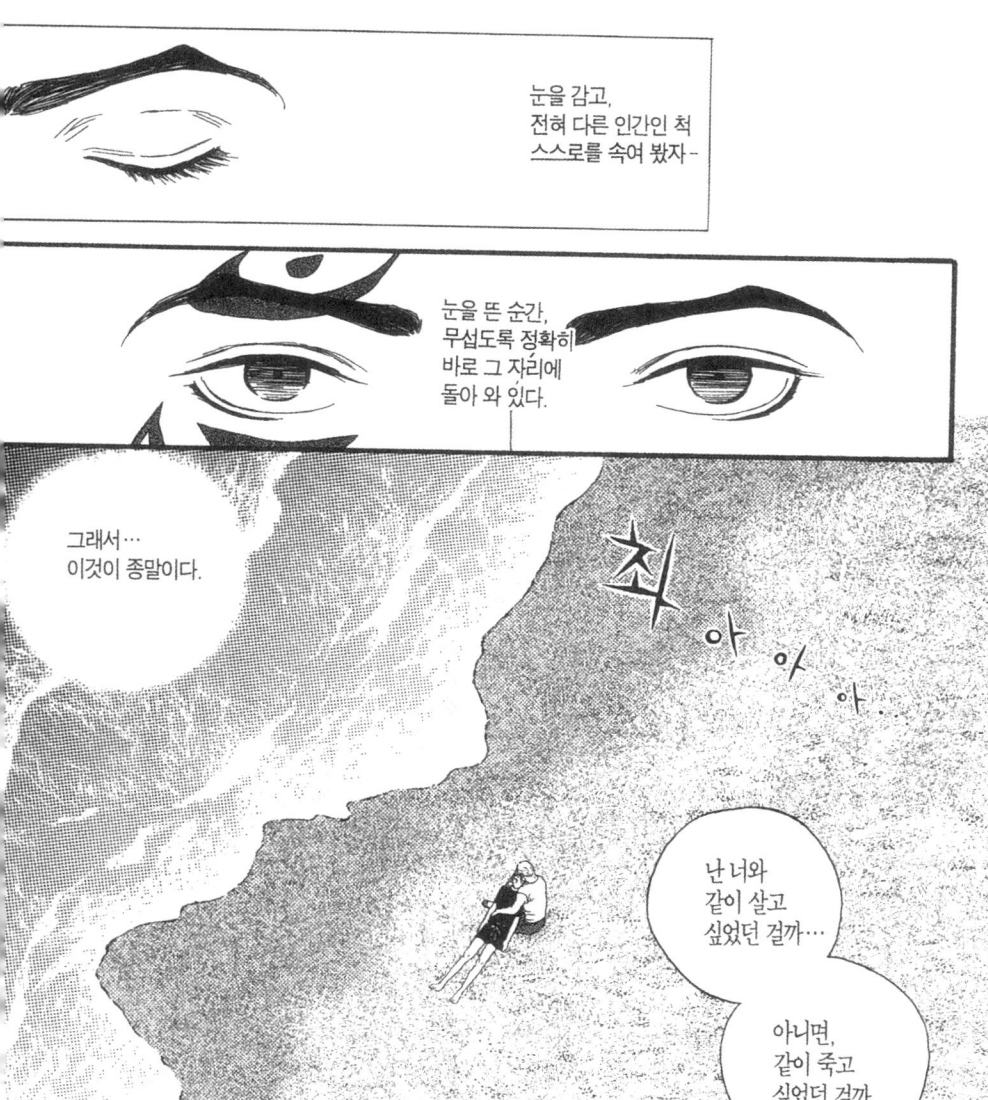

『폐쇄자』, 종말을 선택해 세계가 닫히기 직전, 마지막 대화를 나누는 쿤과 히이사.

다. 2학년 겨울방학이 끝나갈 무렵, 그 애가 말했다. "우리 이제 고3이 되니까, 대학에 가서 만나자." 뭐, 그런 내용이었다. 심장이 쿵 하고 내려앉았지만, 반짝이던 그 애의 검은 눈동자를 보면서 나도 쿨하게 말했다. "그래, 꼭 열심히 해서 의대에 가라." 그 애가 의대에 갔는지 아닌지는 알지 못한다. 그 울렁이던 속을 어떻게 달랬는지, 이제는 기억조차 희미해졌다.

돌아보면 중고등학교 때 만화에 빠져 있던 것은 참으로 다행이 아닐 수 없다. 선생님은 여자끼리 사랑하면 천벌을 받는다고 이야기하고, 여자는 조신해야 한다는 둥, (비치니까) 검은색 브래지어는 하지 말라는 둥, 교복 블라우스는 치마에 넣어 입어야 예쁘다는 둥 학교는 '그들만의 기준'으로 우리를 옭아맸다. 그곳에서 나는 만화를 읽었고, 덕분에 그 기준에서 벗어나기로 결심한 수많은 삶을 만날 수 있었다. 내가 앞으로 나아갈 넓은 세상에는 자기만의 방식으로 살아가는 수많은 소수들이 존재하며, 그들의 삶도 완전히 옳다는 것. 그러니 그 어떤 삶도, 사랑의 형태도 함부로 재단해서는 안 된다는 것을 유시진을 비롯한 훌륭한 작가들의 만화를 통해 배웠다. 지금의 내가 나와 다른 존재에 대한 편견이 (비교적) 적은 사람이 되었다면, 타인의 고통에 함께 아파할 줄 아는 공감 능력을 (어느 정도) 지닌 사람이 되었다면 그건 이 시절 나를 통과해간 이 만화들 덕분임이 분명하다.

지금 봐도 재미있을 게 분명하므로, 유시진 작가의 대단한 작품 『폐쇄자』를 권하는 것으로 마무리를 하련다. 이 이야기의 주제는 아마도 이것. 고유한 내 삶의 키퍼이자 클로저는 나일 뿐, 그 어떤 존재도 나 자신을 유지시키거나 닫아버리지 못한다. 단 하나의 예외, 내가 선택한 사랑 말고는.

어둠도 이야기가 될 수 있음을

◇
◇
◇

문흥미
『세상에서 제일 가난한 우리 집』

난 생각했다.
만약 사람과 사람 사이에도 '안전지대'라는 게 있다면
아마 그건 세상에서 제일 소중한 지대일 거라고…

◇◇◇◇

『세상에서 제일 가난한 우리 집』, 문흥미 만화

1997년 잡지 《이슈》에서 연재되었다. 부모님과 귀순, 귀하, 귀찬, 귀리 네 남매로 이뤄진 한 가정을 배경으로 보통 집안들이 그렇듯 열심히 벌고 아껴 써도 늘 가난한 귀리네 가족이 겪는 크고 작은 에피소드를 코믹하게 그렸다.

어느 날 밤, 엄마가 자고 있던 나를 흔들어 깨웠다. 나는 여섯 살, 동생은 이제 막 돌이 되었을 때였다(정확치 않다. 아마도?). 동생을 들쳐 업은 엄마는 단호한 표정으로 나를 내려다보며 말했다. "아빠 찾으러 가자." 밤늦도록 아빠가 집에 돌아오지 않은 날이었다. 엄마 손을 잡고 깜깜한 언덕길을 내려가던 기억이 지금도 또렷하다. 골목을 벗어나 아빠 회사로 향하는 대로로 막 들어서는데, 전봇대 가로등 아래 검은 덩어리가 보였다. 아빠였다. 만취해 집으로 돌아오던 길, 전봇대 아래 주저앉아 잠이 든 모양이었다. 그 순간, 아빠가 죽은 줄 알았던 나는 아빠를 목 놓아 부르며 울음을 터뜨렸다. "아빠! 아아-빠!" 그러자 엄마가 말했다. "조용히 해! 동네 창피하게." 그러고는 나보다 더 크게, 동네 사람을 다 깨우고도 남을 데시벨로 외쳤다. "당신, 빨리 안 일어나?! 왜 여기서 자! 동네 창피하게."

충격이 너무 커서 어른이 되어서도 잊지 못하던 그 밤의 풍경을 문흥미의 만화 『세상에서 제일 가난한 우리 집』에서 만날 줄이야. 친구와 함께 귀가하던 중 술에 취해 길거리에 쓰러진 아버지를 발견하고 "아빠 여기서 자면 안 돼, 동사한단 말야!" 소리치는 귀리의 모습에서 푸하핫 웃음이 터졌다. 1997년 《이슈》라는 만화잡지

에 연재되던 작품 중 문흥미의 『세상에서 제일 가난한 우리 집』은 '가난'을 소재로 했다는 점에서부터 눈에 띄는 만화였다. 부모님과 귀순, 귀하, 귀찬, 귀리 네 남매로 이뤄진 가정. 보통 집안들이 그렇듯 열심히 일하는 아버지와 절약으로 무장한 어머니가 있는데도 귀리네 집은 늘 가난하다. 온 동네를 샅샅이 쓸어간 도둑도 피해갈 정도의 이 가난한 가족이 겪는 크고 작은 에피소드가 이야기의 중심이다.

어릴 적 우리 집도 딱 귀리의 집만큼 가난했다. 초등학교 입학 전까지 재래식 화장실이 있는 집에 살았고(빠져본 적도 있다. 더러우니 자세한 설명은 생략) 그 때문에 화장실에 가고 싶은 걸 참다 소아방광염에 걸린 적도 있었다. 가난하지만 먹는 덴 아낌이 없는 것도 귀리네와 비슷했다. 엄마는 동생 백일 날 동네잔치 수준의 음식을 차렸다. 그래선지 당시엔 우리 집이 가난하다고 생각하지 못했다. 비슷한 경제 수준을 가진 사람들이 모여 살았고, 그중엔 우리 집이 오히려 넉넉하게 보일 정도였다. 『세상에서 제일 가난한 우리 집』이란 제목은 극단적이지만, 이 만화에 등장하는 가난은 그래도 "맞아, 저땐 그랬었는데" 하며 웃을 수 있는 수준의 것이다. 인간의 존엄을 통째로 집어삼킬 만한 가난은 아니란 이야기다.

『세상에서 제일 가난한 우리 집』, 귀리와 박휘 커플. 귀리는 박휘를 바퀴라 불렀다.

'아디도스', '나이카' 등의 '짝퉁'만을 입던 가난한 집의 딸 귀리에게 온갖 명품으로 치장한 남자 친구 박휘가 생긴다. 둘은 서로 다른 생활환경과 사고방식 때문에 티격태격 싸우며 사랑을 키워 간다. 귀리는 완전히 다른 환경에 사는 남자 친구를 보며 점차 자신의 가난을 의식하게 되고 움츠러든다. 그럴 만한 친구가 없었던 난 성인이 되고 나서야 '나의 가난'을 깨달았다. 비슷한 가정 형편의 아이들이 모여 있던 고등학교를 졸업하고 대학에 가니 상상하지 못했던 삶을 살아온 아이들이 있었다. 대학생인데도 백화점에서 브랜드 옷을 사 입고, 아르바이트 따위 하지 않아도 술값을 척척 내는 아이들. 방학이면 고민 없이 해외여행을 떠나고, 주말에는 홍콩으로 명품 쇼핑을 가는 친구들도 있었다. 대학 입학과 함께 비자발적 독립을 하게 된 나는 매주 두세 개의 과외를 뛰느라 광역버스를 타고 수도권 곳곳을 누볐다. 과외라는 비교적 고소득 아르바이트가 가능했기에 생활에 큰 어려움은 없었는데도 나는 '상대적' 가난 때문에 자주 의기소침해졌다. 그리고 가난에 대해 함부로 말하지 못하게 되었다. 모든 가난은 절대적이고 또한 상대적이라는 걸 알게 되어서.

　가난을 소재로 코믹한 순정만화를 그려낼 수 있는 문흥미 작가는 한국 만화계에서 꽤나 독특한 위상을 차지했다. 만화잡지의 전성기였던 1990년대 '성인 여성'을 타깃으로 한 잡지들이 속속 나왔는데, 그중에서도 문흥미 작가는 정말 '어른을 위한' 만화를 그리는 작가 중 하나였다. 특히 《화이트》에 연재됐던 『THIS(디스)』*라는 만화는 충격적이었다.

기존 만화에선(특히 순정만화에선) 볼 수 없던 사람들이 그의 작품에 등장했다. 하루 벌어 하루 먹고사는 도시의 노동자들, 부모의 학대를 피해 집을 나온 청소년들, 유흥업소에 종사하는 여성, 성소수자들 등등. 이들이 실직을 하고, 폭력에 지쳐 집을 뛰쳐 나오고, 왕따를 당하고, 차별을 받는 이야기들이 만화로 펼쳐진다. 『디스』라는 제목이 알려주는 것처럼 이 만화는 분명 존재하지만 잘 보이지 않던 사람들의 삶에서 '니코틴 당기는 순간'을 절묘하게 잡아낸다. 학교에서 하루 종일 시달린 학생이 귀갓길에 피워 무는 담배 한 개비라든지, 오랜만에 만난 초등학교 동창과 옛날이야기로 꽃을 피우다 더 이상 해야 할 말도, 할 수 있는 말도 없음을 깨닫는 바로 그 순간의 담배 한 개비 같은 것들이다.

---

* 제목의 'This'는 진짜 그 '디스'다. 담배 디스. 1994년에 출시된 제품으로 요즘엔 군대에서 처음 피워본 사람이 많다고 한다.

제3화 禁煙, 禁戀, 禁娟

『This』, 만화에서 자주 등장하는 담배 '디스'.

그렇다고 해서 그의 만화가 무작정 비참하고 난감한 현실만을 보여주는 것은 아니다. 그의 작품에는 유머와 페이소스, 작은 위안과 희망 같은 게 담겨 있다. 실직 후 상심해 집에만 틀어박혀 있는 아버지를 위해 초등학생 아들은 우연히 생긴 천 원으로 디스 한 갑을 선물하고(담배가 천 원이던 옛날이야기) '담배 한 대만 피우고' 비닐을 뒤집어쓴 채 자살하려 했던 실직자 청년은 담배가 만들어놓은 작은 구멍 때문에 삶의 소중함을 알게 된다.

  세상엔 내가 알고 있다고 생각했던 것보다 훨씬 더 많은 종류의 '어둠'이 있다는 사실을 알게 된 건 기자가 되고 나서였다. 초년병 시절 처음 경찰서 취재를 지시받고 마포경찰서 앞에 섰는데, 선뜻 문으로 들어갈 용기가 나지 않아 한참을 서성였다. "너 지금 어디야? 당장 뛰어 들어가지 못해!" 선배의 호통을 듣고 나서야 심호흡을 하고 안으로 들어갔다. 그리고 거기에서 '진짜' 세상을 만났다. 매일 밤 술에 취해 패싸움을 벌인 이들이 끌려 왔고, 남편에게 맞아 온몸이 피투성이가 된 여자가 실려왔고, '강간의 왕국이야?' 영화 대사가 절로 나올 만큼 매일 밤 너무 많은 성폭행이 이 도시에서 벌어지고 있었다. 내가 멀쩡한 듯 하루하루를 보내던 동네에서 이런 일들이 계속 일어나고 있다는 사실이 당황스러웠던 동시에,

당시 읽고 있던 문흥미의 만화를 떠올렸다. 작가는 어떻게 이런 이야기들을 수집해 만화로 그릴 생각을 했을까, 이런 고통들을 보여주며 무얼 이야기하고 싶었을까? 누구도 관심을 갖지 않던 장면을 만화에 담아냈던 그를 '1990년대 후반 한국만화가 거둔 가장 큰 수확'으로 평가하는 데 동의하지 않을 수 없다.*

『세상에서 제일 가난한 우리 집』에서 부자로만 살아온 박휘는 여자 친구 귀리가 가난한 형편 때문에 자신감을 잃은 모습을 보자 이렇게 말한다.

> *야! 넌 우물 안 개구리였어! 그거 말고 이런 것도 있다고!*
> *(이렇게) 자신 있게 날 깨부숴줄 순 없는 거야?*
> *난 너한테 그걸 기대했어.*

많은 사람들은 잘 모른 채 살아가지만, 주변에 분명히 존재하는 어떤 삶. 그런 삶을 만화로 그린다는 것은 작가에게 이런 의미가 아니었을까. "너의 삶이 전부가 아니다. 그거 말고 이런 삶도 있

---

* 이 만화는 '흡연 권장'이라는 혐의(?)에도 불구하고, 1999년 당시 문화관광부가 선정한 '오늘의 우리만화상'을 수상했다.

다!"라고 충격을 줌으로써 독자들이 가진 생각의 한계를 깨부수고, 자신과 주변을 돌아보게 만든다는.

    그런 의미에서 가난을, 슬픔을, 비루함을 견디는 사람들의 이야기를 그리는 문흥미 작가의 존재는 매우 소중하다. 어둠도 이야기가 될 수 있음을 더없이 훌륭하게 보여준 작가니까. 그가 계속 새로운 이야기로 '행복하지만은 않은' 우리를 보여주었으면 좋겠다. 『세상에서 제일 가난한 우리 집』에 사는 귀하가 가족의 부재로 힘겨워하는 친구 인영에게 하는 이 말이, 어쩌면 작가가 독자들에게 건네는 진심이 아닐까 짐작해본다.

> *부디 나의 '객관적 위로'가 너의 '주관적 아픔'에*
> *조금이라도 도움이 되기를….*

『세상에서 제일 가난한 우리 집』, 인영에게 위로를 건네는 귀하.

- 4부 -

거기에
꿈이 있었다

너는 면역체가 형성되지 않는 내 불치의 병

◇
◇
◇

이미라

『인어공주를 위하여』

그저 너에게 인정받고 싶었어.
푸르매가 아닌
지금의 나 서지원으로.

◇◇◇◇

『인어공주를 위하여』, 이미라 만화
1990년 발표된 만화로, 당시 많은 소녀들이 유쾌한 순정만화인 줄 알았으나 엄청난 반전을 숨기고 있는 이 진지한 청춘물에 열광했다. 어릴 때 헤어진 소꿉친구 푸르매와의 약속만을 기약하며 자란 이슬비가 푸른고교로 전학을 와 문제아 서지원을 만나게 되면서 펼쳐지는 이야기.

즐겨 보는 방송 중 추억의 옛날 가요를 소환하는 프로그램이 있다. 방청석에 앉은 10~40대 무리가 노래 첫머리만 듣고 '이 노래 알아!' 싶으면 딸깍 불을 밝히는 그 방송. 어느 날은 나도 상상해봤다. 한국 순정만화 중 주인공들의 이름을 하나씩 공개하며 작품(혹은 작가) 이름을 맞히는 방송이 생긴다면, 가장 많은 표를 받는 건 무얼까. 30~40대에겐 이 작품이 분명하다고 확신한다. 자, 첫 번째 이름 '이슬비'! …모르시겠다고요? 두 번째 힌트 들어갑니다. '백장미'는? 세 번째 이름이 나오면 아마 불이 총총총 밝혀질 거다. '푸르매'…그리고 마지막 이름이 등장하면 '아아' 쏟아지는 감탄사. '서지원'!

참 이상하지. 줄거리도 잘 기억나지 않을 정도로 오래전에 읽었는데도 제목을 듣는 것만으로 마음이 뭉클해지는 그런 작품이 있다. 많은 사람들에게 이미라 작가의 『인어공주를 위하여』가 그런 작품일 게다. 1990년대 초반 이 만화는 우리들 사이에 어떤 '현상'이었다. 반에서 '만화 공급책' 역할을 하던 친구가 신간이 나오는 즉시 학교에 가져왔고, 우리는 수업 시간 몰래몰래 돌려가며 읽었다. 한문 시간이었나, 하필 내 짝이 이 만화를 몰래 읽다가 선생님께 빼앗겼을 때 나는 분노했다. "아 이게 무슨 운명의 장난. 다음

『인어공주를 위하여』, 모든 소녀들이 열광하던 바로 그 소년, 서지원.

차례가 나였는데!"(결국 나는 돌려받을 때까지 기다리지 못하고 만화방으로 달려갔다.)

한국에 아이돌 문화가 시작되기 전이었던 그 시절, 친구들은 만화 주인공을 덕질했다.* 당연 서지원의 팬이 가장 많았고, 일부 독특한 취향의 아이들은 조종인, 조휘인 등을 좋아했다. 무엇보다, 그림이 아름다웠다. 너도나도 습자지를 만화책에 위에 대고 주인공들의 모습을 베껴 그렸다. 그림엔 영 소질이 없던 나조차 한동안 동인천 지하상가에 있는 화방으로 펜화를 배우러 다녔다. 백장미를 제대로 그려보겠다는 열망으로.**

지금 돌이켜보면 만화 초반에 주로 등장하는 개그들도 조금은 유치하고(그땐 그렇게 웃겼는데 말이지), 학교 선배를 '휘인 씨', '종인 씨' 하고 부르는 모습도 낯설기만 하다. 하지만 당시에 이 만화는 신선함 그 자체였다. 당시까지 인기 있던 순정만화들이 주로 서

---
* 1994년도에 데뷔했던 '내 눈물 모아'의 가수 고(故) 서지원도 이 작품의 팬이라 주인공 이름인 '서지원'을 예명으로 했다는 일화가 유명. 이 가수의 팬클럽 이름이 '푸르매'였던 걸로 기억한다. 당시에 만화 속 서지원의 열혈 팬이었던 친구 하나는 이 가수가 만화 속 서지원 이미지와 다르다며 많이 화를 냈었는데, 가수가 너무 일찍 죽자 '왠지 미안하다'고 토로하기도. '마마무'라는 그룹의 멤버 휘인의 본명은 정휘인인데, 엄마가 이 만화의 등장인물인 조휘인의 이름을 따서 지은 것이란다. 어머니 나이가 어떻게 되시니?
** 결국 '똥손'임을 확인하고 금방 포기했다.

양 어딘가의 왕족과 귀족들을, 혹은 우주 행성 저 너머의 사랑과 전쟁을 그리고 있었다면 대한민국 대구의 '푸른고등학교'를 배경으로 한 『인어공주를 위하여』는 사춘기 소녀들에게 왠지 내 이야기 같다는 느낌을 갖게 만들었다. 무엇보다 캐릭터가 전형적이면서도 생생했다. 예쁘지도 않고 공부도 못하며 덜렁거리는 성격을 가졌지만 (이상하게도) 모든 남자들의 사랑을 받는 주인공 슬비와 부잣집 딸에 완벽한 외모와 따뜻한 마음까지 가진 미소녀 백장미가 등장했다. 그리고 한없이 순수하고 다정한 마음을 가진 '안소니형' 남주의 선두주자 푸르매와 그 정반대에 있는 인물 서지원. 세상에 대한 불신으로 가득한 '상처 입은 영혼' 서지원은 말하자면 당시 우리를 설레게 하던 '테리우스형' 남자 주인공의 전형이었다.

고등학교를 배경으로 한 이야기지만 이제 보니 이 만화, 막장 드라마의 요소도 참 많았다. 출생의 비밀에 납치 사건이 나오고, 원수의 딸(아들)과의 이뤄질 수 없는 사랑이 있으며, 교통사고 빈번에 기억상실증도 등장한다. 이런 이야기가 얽히고설켜 소용돌이치는 사랑 이야기가 재밌지 않을 도리가 있나. 게다가 (이야기 중반에 등장하지만) 『인어공주를 위하여』에는 엄청난 반전이 있었으니. 수업 시간에 이 만화를 몰래 읽던 친구 하나가 "으악! 어떡해!"라며 작은 비명을 지르는 사건이 있었다. 선생님이 잠시 수업을 멈추고 "누구야? 무슨 일이야?" 화를 냈고, 친구는 충격받은 눈빛으로 "아니에요…." 하고 말을 흐렸다. 잠시 후 쉬는 시간을 알리는 종이 울리고 선생님이 교실 문을 나가자마자 소리쳤다. "얘들아 어떡해! 서지원이 푸르매였어…!" 이 엄청난 스포일러에 반 아이들은 한동안 충격에서 헤어나오질 못했다. 마흔이 넘어 이 만화를 다시 읽으면서도 두류 공원에서 만난 서지원이 슬비에게 자신이 푸르매였다는 걸 고백하는 장면에서 다시 움찔하고야 말았다.* 당연히 이 비밀을 알고 읽었는데도 이 장면에선 30여 년 전의 안타까움이 되살아났다. 그리고 생각했다. 우리가 이 이야기에 정신없이 빠져들었던 이유가 있었어.

이미라 작가의 팬이라면 기억하겠지만, 이슬비, 백장미, 서지원은 『인어공주를 위하여』만의 것은 아니었다. 요즘엔 거의 사라졌지만 대본소 만화 전성기에는 한 작가가 같은 주인공의 이름을 여러 작품에서 사용하는 것이 유행이었는데, 대표적인 예로 까치, 구

---

* 두류 공원에서 서지원은 대구 시내를 내려다보며 어릴 적 슬비가 푸르매에게 했던 말, "와아, 저 아래 책장이 잔뜩 있다"를 말한다. "어… 어떻게 그런 걸?" 하고 놀라는 슬비, 이제 알겠니? 내가 바로 푸르매야.

너를
풀어주어야 한다고
생각했다.

어린 날의
그 약속으로부터.

…아니… 아니다.
그것은 이기심…

나는 이리 만신창이가 되어있는데
여전히 변함없는 네게 질투를 느꼈어.

…네가 지닌 네 환상에게도….

…그도… 아니다.
그저 나로 인정받고 싶었던 것.
환상의 푸르매가 아닌
지금의 나 서지원으로….

뭐…

상관없어
이제는..

「인어공주를 위하여」, 슬비에게 서지원으로 인정받고 싶었다는 푸르매… 아니 서지원.

영탄 등이 있다.* 이미라 작가 역시 『인어공주를 위하여』 이전에 그린 『늘 푸른 나무』와 이후 작품인 『늘 푸른 이야기』, 『또 하나의 이야기』 등에서 같은 이름의 캐릭터를 등장시킨다. 외모는 비슷하지만 성격은 이야기마다 조금씩 바뀌었는데, 그 변화를 따라가며 읽는 것도 나름의 독특한 재미가 있었다. 단 하나의 원칙이라면 서지원은 어느 만화에서나 늘 멋있는 남주였고, (내가 몰래 아꼈던) 조종인은 안타깝게도 늘 2인자 허세 캐릭터였다.**

   하지만 막장 요소가 첨가된 파란만장함만이 이 작품의 매력은 아니었을 것이다. 이 만화는 독특하게도 『인어공주』라는 작품을 모티프로 했다. 자기가 구해준 왕자를 사랑하게 돼 목소리를 잃으면서까지 인간이 되었지만 자신을 알아보지 못하는 왕자의 곁을 서성이다 결국 물거품이 되어 사라지고 마는 한 여자의 슬픈 사랑 이야기. 그때의 나는 사랑의 복잡다단함을 알지 못하던 10대였고, 진정한 사랑은 모두 해피엔딩인 줄 알았다. 그 많은 이야기 속의 주인공들은 운명처럼 한 사람만을 사랑하고, 한번 누군가를 사랑하면 어떤 유혹이 닥쳐도 한눈 같은 건 팔지 않았으니까. 간혹 한쪽

---

*   작가와 캐릭터의 고정 팬을 만들기 위한 장치였던 듯하다.
** 『인어공주를 위하여』에서 제일 많이 웃은 대목은 조종인이 '킬리만자로의 표범'을 들으며 자아도취에 빠져드는 장면이다. 바람처럼 왔다가 이슬처럼 갈 순 없잖아….

의 죽음으로 끝나는 슬픈 사랑 이야기가 있었지만, 그것 역시 어떤 의미에서 해피엔딩이었다. 사랑하는 그 사람만을 마음에 둔 채 죽음을 맞고, 남은 이는 떠나보낸 사랑을 간직하며 살아간다는.

하지만 『인어공주를 위하여』는 달랐다. 백장미가 초등학교 때부터 사랑해온 서지원이, 이슬비가 일곱 살 때 미래를 약속했던 그 '푸르매'라는 사실이 밝혀진 순간, 두 사랑 중 하나는 이뤄질 수 없는 것이 되어버리니까. 아이들은 슬비-푸르매(서지원)를 응원하는 파와 장미-서지원(푸르매)을 지지하는 파로 갈려 있었는데 나는 왠지 모르게 장미의 편이 되어 있었다.

너를 만나면 언제나 아파
한 번 만나면 하나의 상처
또 한 번 만나면 또 하나의 상처
온 가슴이 다 상처 자국으로 채워져
더 이상의 아픔이란 없을 듯도 한데
언제나 너를 만나면 아파
너는 면역체가 형성되지 않는 내 불치의 병

『인어공주를 위하여』, 가슴 아픈 사랑에 상처받은 장미.

내용 중에 이런 대목이 있다. 지원과 같은 반이 돼 기뻐하던 초등학생 장미가 동생 상아와 안데르센의 동화 『인어공주』를 읽으며 이런 생각을 한다. '그래… 이상해…. 인어공주도 왕자도, 이웃 나라의 공주도, 아무도 안 나쁜데 왜 슬픈 일이 생기는 거지? 어째서….'

이 만화의 마지막 장면은 애잔하다. 푸르매와 슬비의 행복을 바라며 서울로 떠난 장미는 지원에게 마지막 편지를 쓴다. 그런데 잔인하신 이미라 작가는 이 편지를 서지원에게 전달조차 해주지 않았다. 그렇게 끝나버린 장미의 사랑이 너무 슬퍼서, 나는 눈물을 훌쩍이며 이 편지를 읽고 또 읽었다.

사랑을 했었지.
너에겐 그저 미운 오리새끼일 수밖에 없다는 것을 알면서도
그렇게 기도하듯 기다렸지
생각해보면 참 많은 편지를 썼던 것도 같은데
한 번도 답을 받아본 적은 없네.
그래서 모든 것들이 더불어 기억나지 않나 봐.
아주 간절한 마음으로 불렀던 것 같은데…

아무런 대답도 없어서…

이젠 내가 불렀던 일조차 기억나지 않고…

어디선가 부침되어갈 내 이야기의 편린조차 떠오르지 않아.

이젠 안다. 아무도 나쁘지 않지만 슬픈 일은 일어난다. 누구도 잘못하지 않았는데 이뤄지지 않는 사랑은 무수하다. 당시엔 그렇게 강하고 멋져 보였던 서지원이 이 나이가 되고 보니 그저 상처로 허우적대는 불쌍한 소년으로 보이는 것처럼, 그땐 그렇게 슬펐던 장미의 사랑도 이젠 누구나 하나씩은 마음에 품은 아린 추억으로 이해할 수 있게 되었다.

기억할지 모르지만 『인어공주를 위하여』 완결편에는 작가가 동양풍으로 재구성한 인어공주 이야기가 담겨 있다. 해가 뜨기 전 왕자의 가슴을 칼로 찔러 그 피를 다리에 떨어뜨리면 인어공주는 다시 바다로 돌아갈 수 있었다. 하지만 차마 사랑하는 이를 해칠 수 없어 물거품이 되는 쪽을 택하는 인어공주. 하지만 거기서 끝이 아니었다. 바다로 뛰어든 인어공주는 수많은 '공기의 정령'들을 만나고 그들은 인어공주에게 말해준다. "가엾은 인어 아가씨, 아가씨는 정성을 다했어요. 수없는 고통을 잘 참아서 이제 요정의 세계로 올

「인어공주를 위하여」, 해맑게 웃고 있는 소녀 이슬비.

라가는 거예요. 우리들이 좋은 일을 계속 해나가면 300년 후엔 죽지 않는 영혼을 가지게 된답니다."

그리고 요정이 된 인어공주는 웃으며 왕자 커플을 떠나간다. 이렇게 보면 『인어공주를 위하여』는 가련한 사랑 이야기가 아니라 극복과 성장의 이야기로 읽히기도 한다. 그렇게 하나의 진한 사랑을 떠나보낸 장미가 지금 내 나이쯤 되어 어딘가에서 건강한 에너지를 내뿜으며 살아가고 있을 것 같은 느낌이 드는 건 지나치게 비순정적인 결말일지 모르지만. 조종인 같은 남자와 맺어졌다면 그것 역시 재미있을 텐데.

우리의 취향은 괜찮습니다

◇
◇
◇

나예리

『네 멋대로 해라』

앞으로 세상은
우리가 만들어가는 거니까.

◇ ◇ ◇ ◇

『네 멋대로 해라』, 나에리 만화

1994년 잡지 《윙크》에 연재되었다. 'X세대 청춘메시지'라는 부제에 걸맞게 우정보다 더 깊게 서로를 의지하고 아끼는 두 소년 호수와 진원의 이야기를 세련되게 그렸다. 친구, 사랑, 꿈의 소중한 가치를 담아낸 작품.

나예리 작가의 만화를 생각하면, 평양냉면이 떠오른다. 내가 평양냉면파가 된 과정은 흔한 '평냉인'들과 크게 다르지 않다. 20대 후반, 회사 선배를 따라 을지로 인근에 있는 식당에서 처음 맛을 봤을 때 '이걸 먹으러 여기까지 온다고?' 싶었던 밍밍한 인상. 그러나 숙취로 고생하던 어느 대낮, 평양냉면의 그 '담백한 육수 맛'이 떠올랐고, 한 번 두 번 먹다 보니 언젠가부터 줄을 서서라도 먹어야 하는 진미의 반열에 오르게 된.

나예리 작가의 『네 멋대로 해라』라는 작품이 《윙크》라는 잡지에 막 연재되던 때는, 그 이전의 순정만화와는 다른 낯선 작품들이 우리 앞에 속속 도착하던 때였다. 거대한 대하드라마나, 눈물콧물 쏟게 하는 슬픈 사랑 이야기에 익숙했던 내게 이 작품은 분명히 새로웠지만, 조금 심심했다. 현진원과 강호수라는, 가수를 꿈꾸는 두 고등학생의 이야기. 작가는 학교 생활의 굉장한 갈등이나 가슴 아리는 사랑 혹은 꿈으로 가는 길의 지난한 여정을 극적으로 펼쳐놓지는 않는다. 그저 아이들 하나하나의 고민을 절제된 대사와 장면으로 담담하게 보여줄 뿐이다. 그런데 이야기가 진행될수록 그 슴슴한 매력에 빠져들었다. 어쩌면 그림체 탓일 수도 있겠다. 음영이 진하지 않고 과장된 동작이 없는, 수채화 같은 그림이 무척 신선하고 세련되게 다가왔으니.

　진원은 부잣집 아들이지만 출생의 비밀 때문에 아버지와 큰 형에게 정신적 학대를 당하며 자라왔고, 호수는 폭력적인 아버지에게서 도망쳐 형과 둘이 살고 있다. 고등학교에서 처음 만난 두 사람을 이어준 것은 음악이라는 공통분모였다. 둘은 언젠가 함께 노래를 부를 날을 꿈꾸고 있다.* 지금도 그러하지만, 10대 시절에 친구는 절대적이었다. 하고 싶은 것도 하기 싫은 것도, 희망도 불안도 많던 시절, 다스려지지 않는 마음 속 불덩이를 꺼내놓을 수 있는 이는 늘 가족보다는 친구였으니까. 호수와 진원은 서로의 상처를 알아보고 아플 땐 조용히 곁에 있어주는 것으로 서로에게 하나뿐인 존재가 되어간다. '가족들에게 받은 상처/메우기 힘든 그 공백이 큰 만큼/ 우리에겐 더욱 서로가 필요하다/ 친구가 필요한 것이다.'

　하지만 여기서 잠깐만요, 두 사람은 친해도 너무 친해 나를 놀라

---

*　작가가 어떤 글에서 진원과 호수의 목소리를 '쿨'의 이재훈과 '전람회'의 김동률이라고 했던 기억이 난다. 이 목소리를 상상하면서 읽으면 둘이 노래하는 장면 등이 훨씬 아름답게 다가올 것.

『네 멋대로 해라』, 음악이라는 꿈을 향해 달리는 네 남자.

게 했던 것이었다. 남자들 간의 사랑을 그린 'BL(Boys Love)*'이라는 장르가 한국에 본격적으로 소개되기 전, 나는 이 만화에서 그리는 두 소년의 우정이 너무 좋으면서도 약간은 어리둥절했다. "나한테 너만 있으면 돼"라거나 "나한테 제일 중요한 건 너라구!"같은 대사를 아무렇지 않게 내뱉는 남학생들이라니. 처음에 마치 이들과 러브라인을 만들 것처럼 등장했던 여학생 수민과 다나는 시간이 지날수록 '진짜 여사친'에 가까워지고… 다나와 짝이 된 진원이 호수에게 이렇게 말한다. "걔(다나)가 내 짝이 됐는데… 가까이서 보니까 더 귀여운 거 있지. 한번 놀러 와서 봐." 이어지는 호수의 대답이 '어머나'다. "너도 가까이에서 보면 귀엽잖아."(찡긋)

그런데 이상한 것은 이야기가 진행될수록 조연 1, 2로 존재감이 스러져가는 이 여자아이들이 한없이 좋아졌다는 것이다. 그림에 재능이 있지만 가정형편 때문에 미대에 진학하는 것을 주저하는 수민과 불량한 친구들과 어울리다 아버지에게 머리카락을 잘려버린 다나. 이 두 소녀의 이야기는 호수와 진원이라는 두 남자주인공들과는 독립적으로 진행된다. 여자 캐릭터들이 남주와 일정한 거

---

* 야오이물, 동인물, BL물 등 여러 이름으로 불렸지만, 요즘엔 BL(Boys Love)물로 통일이 되어가는 듯하다.

리를 유지하면서 자신들의 이야기를 만들어가는 모양은, 당시 순정만화로서는 꽤 특이한 전개였다. 게다가 수민과 다나는 진원과 호수에게 늘 조언을 건네는 성숙하고 당당한 모습으로 그려진다.*

가난 때문에 꿈 앞에서 움츠러들었던 수민은 미술대회에서 '입선'을 한 후로 그림을 계속 그리기로 결심하고, 다나는 수민을 괴롭히는 선배들에게 "너희들에게 얼마나 으리번쩍한 배경이 있는지 몰라도, 결국 니들 자신이 가진 건 쥐뿔이야!"라고 외치며 자신의 목소리를 찾아나간다. 남주들과의 얽힘 없이도 혼자 고민하며 성장해가는 여자 아이들을 만난다는 것, 그게 『네 멋대로 해라』를 보는 색다른 재미였다.

하지만 누가 뭐래도 이 이야기의 주인공은 진원과 호수. 이야기의 마지막, 진원의 이 대사를 보면서 두 남자아이의 '진한 우정'에 감동했던 나는, 오랜 시간이 흘러 다시 이 작품을 읽으면서야 깨달

---

* 다나와 진원의 관계는 적절한 수준의 우정으로 끝이 나지만 수민은 호수에게 마음이 있었던 것 같아 조금 안타까웠다. 형의 죽음으로 우울 속을 헤매면서도 아무것도 털어놓지 않는 호수에게 수민은 "차라리 우울한 표정을 지으면 어때? 그림 보는 사람이 훨씬 편할 거야"라고 직설적으로 이야기하고, "내가 언제 평생 책임져 달랬어? 대신 너한테 최고의 친구는 나야. 언제나 무슨 일이든 함께. 꼭 그렇게 해주는 거지?"라고 말한다. 이 쿨한 여성 같으니라고.

았다. 아 이것은 작가가 이후 걸어갈 'BL 로드'의 어떤 출발점 같은 것이었음을.

> 난 언제나 두려웠어.
> 우리가 멀리 떨어져서도 아무렇지도 않게
> 각자의 길을 걸어야 할 날이 오는 것에 대해⋯
> 하지만 지금 난 생각하고 있어.
> 우리가 함께 부르던 노래들⋯
> 또 언젠가는 우리가 함께 부르게 될 노래에 대해서⋯
> 그리고 함께 있지 않아도 여전히 널 사랑하고 있는 나를⋯
> 그러므로 난 너를 잃지 않을 것이다.

내가 BL을 '영접'한 건 2000년대 초반 무렵이었다. 좋아하는 일본작가 요시나가 후미의 소프트한 BL물 『서양골동양과자점』을 보다가, '오 이거 괜찮은데?' 싶어 이런저런 일본 BL물들을 찾아보다 놀라고(그 아찔한 수위!), 한국에는 BL이 없나 하던 중 나와 같은 이름 이영희 작가의 『절정』이란 작품을 알게 되었다**. 물론 원수연 작

** '절정'은 당시로서는 드물었던 정발(정식 발매) BL물이었다. 19금 버전과 일반 버전으로 나뉘어 출간되었던 것으로 기억한다.

「네 멋대로 해라」, 10대 가요제 신인상을 수상하며 활동 중단을 알린 호수와 진원.

가의 『렛다이』나 이정애 작가의 『소델리니 교수의 사고수첩』 등 남자들 간의 묘한 관계를 보여줬던 작품은 그 전에도 많았지만, BL이란 이름으로 분류된 첫 순정만화는 아마 『절정』이 아니었나 싶다. 하지만 이 작품 역시 미완으로 끝이 났고, 이미 'BL의 맛'을 알게 된 내가 이리저리 헤매다 찾은 작품이 『어느 이상한 토요일 저녁』, 『Get Real』 같은 만화였는데, 아니 이럴 수가, 나예리 작가의 작품이었다.

 삐뚤어진 심성 탓인지 어렸을 적부터 만화나 동화 속에 나오는 여자 아이들을 진심으로 좋아할 수 없었다. 아니 '좋았지만 싫었다'는 말이 맞겠다. 빨간머리 앤은 '예쁘지는 않지만 사랑스러워'서 거슬리고, 캔디는 '외로워도 슬퍼도 나는 안 울어'서 좀 그랬다. 남자 작가들이 그린 작품 속의 여성들이야 '현존하는 인간'이란 느낌 자체가 없었으니 말할 것도 없고. 아마 지나치게 감정이입을 해서였는지도 모르겠다. 당시 동화와 만화 속 여자주인공은 사춘기 소녀의 '롤모델' 같은 것이었으니까, 이런 여자가 되어야 하나? 나는 왜 저렇게 귀엽지 않지? 얘는 뭐가 특별해서 모든 사람의 사랑을 받는 걸까? 여자 캐릭터가 등장하면 이런저런 마음의 혼란이 이어졌고, 때로는 그런 불편함이 이야기에 제대로 몰입하는 것을 방해하기도 했다.

내가 BL에 빠졌던 이유는 그런 고민에서 벗어날 수 있기 때문일지도 모른다. 이야기에 등장하는 여성의 프로토타입에 나를 대입하지 않아도 된다는 자유로움. 다시 태어나거나 성전환을 하지 않는 한 될 수 없는 성별인 남자들끼리 하는 사랑 이야기란, 여자인 나에게 특별한 해방감을 안겼다. 말 그대로 '제3자'의 입장에서 멋진 남자들의 '어려운' 사랑을 보며 사랑이라는 감정 자체에 더 깊이 몰입할 수 있었다. 그리고 그 정점에 있는 작품이 바로 나예리 작가의 『Dress Code(드레스 코드)』다.

한국 BL물 중 가장 좋아하는 작품을 고르라면 바로 이것. 등장하는 두 남자가 너무 아름답고* 캐릭터 역시 생생하다. BL의 여러 장르 중 선호하는 '리맨물(샐러리맨들의 사랑을 그린 장르)'이기도 하다. 같은 프로젝트를 맡아 함께 일하게 된 김연우와 한수영이 주인공. 남자 둘이 사랑한다는 특별한 부분만 빼면 이건 그냥 '찐사랑' 이야기다. 10년을 사귄 여자 친구에게 배신당한 경험이 있는 수영은 가벼운 만남을 거듭하는 연우가 불안하고, 그래서 두 사람은 자

---

* 나예리 작가는 원래 남자를 잘 그리기로 소문났지! 특히 두 사람의 '수트발'이란….

『드레스 코드』, 정장이 잘 어울리는 커플, 연우와 수영.

주 티격태격하며 서로를 점차 이해해간다. 특히 『네 멋대로 해라』 부터 이어져 온 나예리 작가 특유의 섬세한 감정이 담긴 대사가 압권이다. 한 번도 누군가를 오래 사랑해본 적 없는 수영이 연우에게 묻는다.

> "지금까지 내가 누군가와의 관계에 있어서 노력한 건 재빠르게 포기하는 정도 밖에 없어서 그걸 지키는 방법에 대해선 모르겠어. 그러니까 니가 가르쳐줘. 내가 어떻게 하면 돼?"

> "그런 건 내가 묻고 싶은 말이야. 나 역시 결국은 실패한 기억밖에 없는데 답을 알 리가 없잖아. 그때 배운 건 오랜 시간도 어떤 노력으로도 안 되는 것이 있다는 거였어. 하지만 난 사람 놓는 거 한 번 배운 걸로 충분해. 두 번은 싫어. 그러니까 넌 나한테 거짓말은 안 하겠다는 것 하나만 약속해줘. 나도 그럴 테니까."

BL은 꽤 큰 규모의 시장에 비해 아직도 '음지의 취향'으로 여겨지는 모양이지만, BL물을 즐기는 나를 부끄러워해본 적은 없다. 그저 조금 특별한 사랑 이야기를 좋아할 뿐이고, 이것은 내게도 다른 누구에게도 해를 가하지 않는 '상상 속의 세계'일 뿐이다. 오히려

남들과 다른 어떤 취향을 가졌다는 건, 낯선 세계를 만나는 재미를 안다는 건 멋진 일이라고 생각한다. 그러니 이 만화를 본 사람들에게 꼭 전하고 싶다. 우리의 취향은 문제없다고.

웹툰으로만 보던 『드레스 코드』를 종이책으로도 보고 싶어 만화방을 수소문해 찾아갔다. 작가와 제목을 말하니 만화방 주인장이 의미심장한 미소를 지으며 말했다. "앗, 이 만화 찾으시는 분 처음 봐요." 어머 그렇군요. 나는 괜히 뿌듯했다.

반짝이는 것에는 슬픔이 있지

우리를
천재라 불러준
단 한 사람….

◇
◇
◇

천계영

『오디션』

내가 행복하니까
이 노래는 해피엔딩이야.

◇ ◇ ◇ ◇

『오디션』, 천계영 만화

1998년 발간된 작품으로, '재활용 밴드'의 탄생과 성공기를 그렸다. 네 명의 천재 소년 장달봉, 황보래용, 류미끼, 국철이 오디션을 준비하며 겪는 이야기. 10권으로 완간될 때까지 누적 판매량 100만 권을 기록할 정도로 큰 인기를 끌었다.

"반짝거리는 것을 그렇게 좋아해서 어떡하나."

20대가 끝나갈 즈음 홍대 앞에 타로점을 보러 갔다가 타로 마스터에게 이런 말을 들었다. 그 순간 나도 미처 언어화하지 못했던 내면의 정곡을 제대로 찔려버린 것 같았다. '어떡하나'의 의미는 이거였다. 그렇게 반짝거리는 것을 좋아하는데, 너 자신의 인생이 그만큼 반짝이지 못하면 너는 늘 불만족스러울 것이다. 쯧쯧.

그렇다. 반짝이는 것을 좋아한다. 보석(도 물론 좋아하지만) 이야기가 아니라, 빛나는 외모, 기발한 생각, 빠져드는 개성, 누구도 건드릴 수 없는 자신감 같은 걸 지닌 사람들을 동경했다. 내가 가진 자산으로는 빛나는 데 한계가 있단 걸 일찌감치 깨달았지만 포기가 잘 안 됐다. 중학교 때 연예인 팬질을 시작한 데 이어 대상만 바꿔가며 누군가를 덕질하는 삶을 살아온 것도 그런 이유인지 모른다. 빛나는 이들이 부러웠고, 내가 그런 삶에 가까이 갈 수 있는 유일한 방법이 열광하는 것이었기에 팬이 되었다. 서른을 앞두었던 어느 날, 런던 출장을 갔다가 웨스트엔드에서 뮤지컬 〈맘마미아〉를 본 나는 정신이 혼미해졌다. 무대 위에서 환호를 받으며 노래하고 춤추는 이들이 너무 멋져 보여 어떻게 해서라도 그들 옆에 서고 싶었다. 흥분에 겨워 '더 늦기 전에 뮤지컬 배우가 돼야겠다'

라고 털어놓으니 친구가 물었다. "너 노래 잘해?" "음, 보통?" "춤 잘 춰?" "음, 살짝 박자가 안 맞기는 한데…." "하, 너 되게 용기 있다."

나에 대한 불만으로 가득했던 시기에 만난 천계영 작가의 『오디션』이란 작품은, 그냥 말할 것도 없이 반짝반짝 번쩍번쩍 하는 작품이었다. '뭐 이런 이야기가 있단 말이냐' 입이 딱 벌어질 정도로 새롭고 멋지고, 파격적이었다. 총체적으로 봐도, 구석구석 뜯어봐도 '구린' 지점이 없었다. "난 슬플 땐 힙합을 춰"라는, 시대를 대표하는 명대사를 남긴 『언플러그드 보이』 때도 작가의 트렌디함과 엉뚱함, 독특한 유머감각에 감탄했다. 『오디션』은 한 걸음 더 나아갔다. 한 장 한 장 넘기기가 아까울 정도였다. 이런 이야기를, 이런 그림으로 그려낼 수 있다니 이 작가는 어느 별에서 온 걸까. 정말.

송송그룹 회장의 딸 송명자가 아버지가 '찍어놓은' 천재들을 찾아내 전국 오디션에 출전시킨다는 『오디션』의 내용은 시작부터 끝까지 하나의 서사로서 완벽했다. 어느 캐릭터 하나 허투루 만들어진 것이 없어 보였다. 저마다 자신의 역사를 가진 인물들이 흥미

「오디션」의 주인공 장달봉, 황보래용, 류미끼, 국철.

로운 이야기 속에서 '나다움'을 제대로 뽐내고 있었다. '존재와 소멸에 대한 세기말적 강박관념 국철', '관념과 물질 사이의 외계 생명체 황보래용', '민족과 생태계를 향한 살아 있는 슬로건 장달봉', '편견에 젖어 있는 것들에 대한 실리카겔식의 경고 Do Not Eat 류미끼'… 이런 허세 작렬 소개 멘트조차 맘에 들었다. '재활용 밴드'와 오디션에서 겨루는 상대 팀도 '만화적 재미'가 가득하다.* 『오디션』에서 가장 애절한 캐릭터인 추범구나 왠지 끌리는 구강구조를 가진 왕5삼 반장에 이어, 희대의 캐릭터 '우리의' 변득출에 이르면 절로 어깨춤을 추고 싶어진다. 아, 매회 우리를 기대하게 했던 아름답고 신비로웠던 그의 의상들은 또 어떤가. 제목도 잊지 않는다. '우주는 나를 중심으로 돈다', '뻐꾸기 둥지 위로 날아간 새', '네 꿈을 펼쳐라' 등.**

인물들의 매력에 정신없이 빠져들어 읽다가도 나중에, 곰곰이 생각해보면 이건 참 이상한 이야기이기도 하다. '만화적'이라는 말이 '허무맹랑하고 현실감 없는'이라는 뜻으로 쓰인다면 이 작품이

---

* 드래곤볼, 발렌타인, 유니콘, 이노무시키 모두 좋았지만 역시 나의 원픽은 청학동 댕기즈. 청학동에서 몰래 한옥 담을 넘어 음악을 연주하러 가는 모습에 울컥했다.

** 작품 속에서 변득출의 의상을 담당하는 건 앙드레 강, 『언플러그드 보이』 주인공 현겸이의 아버지란 사실, 알고 계셨는지. 작가는 나중에 「오디션 메이킹 북」에서 이 특별한 의상들의 컨셉과 보관법까지 친절하게 설명해준다. 진짜 리스펙트.

야말로 참으로 만화적이다. 그런데 신기하게도 이 촘촘히 짜인 이야기 속에서 만화적 설정들은 한계를 넘어서며 마구 뛰논다. 사람들이 종종 여자로 착각하는 류미끼라든지, 드랙퀸(Drag Queen)이 아닌가 싶은 '우리의' 변득출 씨는 주변에서 만난다면 움찔해 돌아볼 만한 소수자이지만 이 '만화적'인 설정 안에서는 전혀 이상하게 느껴지지 않는다. 남자건 여자건 이 만화 속 인물들은 자신이 원하는 방식으로 자신을 꾸미고 드러내며 서로를 사랑하고 아낀다. 추범구와 미끼의 사랑 역시 '동성애'라는 말을 딱히 떠올릴 수 없을 만큼 그저 진지하고 아프다.*** 정상이니 상식이니 하는 세상의 기준들에 대해 "어, 그래? 너나 그렇게 살아." 한번 웃어주고 가던 길을 가는 당당한 주인공들 때문에 이 만화가 그렇게 후련하고 경쾌했나 보다. 조울증에 시달리는 황보래용이 자신을 왕따시키는 아이들에게 건네는 한마디에는 전율을 느꼈을 정도니까.

애들아 싸우지 마, 너희들은 날 따돌린 적이 없으니까. 죄책감 가질 것도 없고. 잘못한 건 나야. 나 혼자 너희 모두를 이지메시켰던 거

*** 『오디션』을 처음 봤을 때, 이 대사를 보고 깜짝 놀랐다. 너무 섹시해서. 운동장을 지나던 미끼를 보고, 고등학생 추범구가 교실 창문에서 쪽지를 던진다. "너 진짜 이쁘다 띠용-", 그러자 미끼가 쪽지 뒤에 이렇게 써서 돌려준다. "그럼 어디 이뻐해줘봐" 미끼, 끝내준다.

야, 너희들 모두와 인류 전체를!

 그런데 착각한 것이 하나 있었다. 세 번째 읽었을 때에야 나는 이 만화가 그저 화려하고 반짝거리기만 하는 것은 아니라는 사실을 깨달은 것이다. 인물 하나하나가 이렇게 생생하게 빛났던 것은 그 밝음으로 오기까지 그들이 겪었던 외로움과 '아무것도 아님'이 작품 속에서 충실하게 그려지고 있었기 때문이었다.

 이 책에서 사랑하는 에피소드는 너무도 많지만, 그중 단행본으로 4권 뒤에 담긴 국철과 류미끼의 사이드 스토리가 기억에 남는다. 일을 하러 나간 엄마를 기다리며 방에 누워 있는 소년 미끼. 외로운 소년은 (그것밖에 할 일이 없어) 집 안 곳곳에 있는 시계들의 초침을 들으며 '박자 쪼개기'를 한다. '박자 천재'의 재능은 그렇게 발견된다. 고아원에서 자란 국철은 아버지의 무릎에 앉아 아버지의 얼굴이 담긴 레코드판을 들여다보던 기억을 떠올린다. 그리고 그 기억을 찾아 레코드 가게를 헤매다 로이 부캐넌의 음악을 듣게 되

---

* '내가 왕따라고? 그럴 리가, 내가 세상을 왕따시키는 거다'라는 생각은 요즘엔 그닥 새롭지 않은데 당시에는 충격적이었다. 어쩌면 이런 생각이 낯설지 않게 된 것이 『오디션』의 인기 때문 아니었을까. 아 그리고 갑자기 생각난 건데 당시 이가희라는 가수가 부른 '오빠는 황보래용'이란 노래도 있었다. 이 노래의 가사는 이랬다. "그 누가 뭐라고 말을 해도 오빠는 내게 황보래용 / 세상을 왕따시켜 주세요 / 나만이 오빨 가질 수 있게 / You're mine"

고 "그날부터, 그가 내 아버지였다."라고 말한다.

 이 아무것도 없는 천재들을 발견해 '재활용 밴드'로 키워내는 송명자와 박부옥도 가진 것이라고는 큰 키, 과하다 싶은 패션감각과 자신감밖에 없다.** 천계영 작가가 그려내는 주인공들이 대부분 그렇듯 이 네 명의 천재 소년들도 명자에게 발견되기 전까지는 자신들의 천재성을 전혀 알지 못한 채 자장면 배달부로, 소매치기로 밑바닥을 살아가던 젊은이들이었다. 부족한 이들이 서로를 '발견'하고 함께 성장시키며 무언가를 이뤄내는 것. 그것이 바로 이 이야기가 진정 마음을 두드리는 이유였다는 것을.

 그리고 이 장면, 음반을 훔치고 달아나던 소년 국철과 그를 뒤쫓아온 송송 회장이 골목길 계단에 나란히 앉아 이어폰을 나눠 끼고 음악을 듣는 모습을 가장 좋아한다. 선입견 없이 누군가를 있는 그대로 들여다볼 줄 아는, 그리고 그 가능성을 진정으로 응원할 줄 아는 귀한 어른의 존재가 표현된 멋진 장면이다.

** 물론 송명자는 송송레코드 사장의 딸이지만, 재활용 밴드를 오디션에서 우승시키지 못하면 모든 것을 잃을 위기에 처해 있다. 박부옥의 여름용 '깨끼 바바리'는 한번 꼭 입어보고 싶다.

『오디션』, 멋이 흘러 넘치는 재활용 밴드.

오디션의 첫 공연을 앞두고 덜덜 떨고 있는 '재활용 밴드' 멤버들에게 송명자는 말한다.

> 자 이럴 땐 좋은 방법이 있어.
> 머릿속으로 자기가 좋아하는 사람을 떠올려봐.
> 관객이나 심사위원들은 잊어버려.
> 자기가 좋아하는 오직 그 한 사람만을 생각하며 연주하면
> 절대로 떨리지 않아.

그리고 그들은 단 한 사람을 떠올리며 연주를 한다.

> 우리를 천재라 불러준 단 한 사람… 그를 위하여.

이 만화의 결말은 정말 의외지만 완벽했다. 뻔하지만 재밌는 이야기들이 대부분 그렇듯 우울기가 찾아와 결승 무대 연습을 거의 하지 못한 조울증 환자 래용이가 공연 직전에 회복해 멋진 무대를 보여줄 줄 알았다. 물론 래용은 무대에 오르긴 한다. 달봉, 미끼, 철의 손에 질질 끌려서. 그리고 노래인지 흐느낌인지 알 수 없는 노래를 부른다. 그리고 그들은 '천사표 밴드'에게 패배한다.

형들 나도 알아 내가 외계인이 아닌 거.
외계인이라고 생각하면 덜 외로웠어.
아무도 나를 이해 못 해도 모두가 나를 따돌려도 견딜 수 있었어
고마워 형들, 무대에 서게 해줘서

나에게 재활용할 만한 감춰진 천재성 같은 건 애초에 없었을 테고, 만에 하나 있었다 해도 발견하지 못한 채 중년이 되었으니 송송 회장의 눈에 들 가능성 같은 건 사라졌다 할 수 있겠다(흑흑). 그렇다 해도, 내 어둠과 슬픔을 뚫고 나온 아주 희미한 반짝거림을 알아봐주는 사람이 있을 거란, 그래서 나를 포기하지 않고 끝까지 함께 연주해줄 누군가가 있을 거란 희망 없이는 우리 모두 하루하루를 견뎌내기가 참 쉽지 않다는 생각*을 한다. 송송 회장처럼 눈 밝은 기획자는 아니더라도(일단 돈이 없다) 송명자와 박부옥이 되어 누군가의 빛을 포착하고 응원하며 함께 성장하고 싶다는 바람을 갖게 됐달까. 20년이 지나 읽은 『오디션』은 그렇게 다른 느낌의 '재미와 감동'을 전하는 작품이었다.

---

*   그럴 땐 이 만화에서 가장 슬펐던 소년 용근이를 떠올리며 위안을 삼아보자. 송송 회장에게 '천재가 아니란 판정'을 듣고 오랜 기간 괴로웠을 이 소년(송송 회장, 나빴어). 그래도 만화의 마지막은 용근이에게 보내는 송송 회장의 사과 편지로 끝이 난다. 가혹한 송송 회장을 그제야 용서할 수 있었다.

「오디션」, 무대 위로 올라가는 재활용 밴드.

천계영 작가는 순정만화의 전성기가 지나고, 만화의 형식이 웹툰으로 바뀐 후에도 꾸준히 새로운 작품에서 놀랄 만큼 반짝이는 이야기들을 만들어내고 있다. 『하이힐을 신은 소녀』도, 『예쁜 남자』도, 그리고 현재 진행형인 『좋아하면 울리는』 같은 작품들까지, 나는 여전히 그의 작품 속에서 빛나는 그 '슬픔'을 사랑한다. 그래서 당당히 말할 수 있다. 그가 앞으로 들려줄 수많은 이야기도 분명, 내 마음을 뒤흔들고 말 거라고.

더 사랑하는 쪽이 지는 거라고?

◇
◇
◇

박은아

『다정다감』

지금도 이렇게 옆에 있는 게 마음이 놓이고.
…그리고 앞으로도 네가 어떤 형태든
자연스럽게 내 일상 속에
스며들어 있으면 좋겠어.

◇ ◇ ◇ ◇

『다정다감』, 박은아 만화

1999년부터 2007년까지 《이슈》에 연재된 작품. 자기만의 매력을 가진 배이지, 문도경, 강한결, 신새튠 네 명의 고등학생이 주인공으로 등장해 사랑과 우정을 넘나들며 성장하는 이야기를 다루고 있다.

학창물에는 관심을 한참 잃은 나이에 만난 작품인데도 『다정다감』을 꽤 좋아했다. 이유가 있었다. 주인공이 너무 나 같아서. 구김 없고 솔직한 매력으로 강한결, 신새륜이라는 '이름도 예쁜' 두 남자의 사랑을 받는 점이 같았다면 좋았겠지만(또, 아니겠죠).

주인공 배이지의 이런 점에 마음이 갔다. 주변인들이 어떤 심리 상태인지에 관심이 많고(관심을 갖지 않으려 해도 저절로 알게 된다), 자꾸 신경이 쓰이며, 그래서 기분을 살피게 되는 (좋게 말해) '다정다감'한 성격. 서로 눈치만 보는 상황을 견디지 못해 "하녀 근성" 같은 비아냥을 들으면서도 때때로 궂은일을 도맡고 마는 스타일. 이런 사람에게 '사랑'이란 참으로 위험한 것이다. 그러지 않으려 해도 온 관심이 그 사람에게 달려가 버리고, 상대의 상태와 반응에 따라 기분이 한없이 치솟았다 곤두박질치고, 혼자 천국과 지옥을 오가며 나를 괴롭히고 상대를 괴롭히는 결과를 낳기도 하니. 나 역시 살면서 수도 없이 들었다. 만화에도 등장하는 "다정도 병"이라는 말을.

『다정다감』은 순정만화 잡지의 명멸 속에서도 꽤 오래 명맥을 이어온 《이슈》를 대표하는 만화였다. 1999년부터 2007년까지 무려

『다정다감』, 보기만 해도 상큼한 도경과 배이지.

8년에 걸쳐 연재됐는데, 초반에는 사실 큰 기대가 없었다. 세 오빠를 둔 막내딸, 평범한 외모의 여주 배이지. 옆에는 무엇을 해도 눈에 띄는 화려하고 대범한 친구 도경이 있다. 그리고 진중하며 모범적인(것처럼 보이는) 서브(?) 남주 강한결과 거칠고 제멋대로인 진짜 남주 신새륜. 처음에는 그다지 새로울 것 없는 네 명의 인물들이 복잡한 사랑의 화살표를 이어가는 작품이려니 생각했다. 하지만 이런 기대는 여러 면에서 '기분 좋게' 깨지는데, 그 시작은 배이지라는 주인공이었다.

  이지는 정이 많고, 다른 사람들의 아픔을 쉬이 넘어가지 못해 설불리 끼어들었다가 쉽게 다친다. 그런 자신을 미워하기도 하지만 잘 벗어나지 못하고, 그래서 자주 울고 힘들어한다. 작품 중반쯤 "모든 사람과 사물들은 각자 조금씩이라도 좋아하게 만드는 이유가 있는 것 같다. 모든 것에 대해 감정이 넘치는 건 내 단점일까"라는 대사가 나왔을 때 '아 이 캐릭터는 진짜구나' 싶었다. 이렇게 넘치는 감정을 지닌 이들은 그 감정을 숨기지 못하고 쉽게 드러내고 마는데 이지 역시 그랬다. 초등학교 동창인 한결에게 "너 좋아하는 사람 있어?"라고 용기 있게 묻는 것도 이지요, 느닷없이 차가워진 새륜을 먼저 찾아가는 것도 이지다. 딱히 더 많이 좋아하기 때문이라기보다 스스로 넘치는 감정을 주체하지 못해 하는 행동들*. 그래서 이 주인공은 독특한 위치에 서 있는데 두 남주의 사랑을 받고 있는데도 실상은 먼저 다가갔다 먼저 상처받고, 관계가 틀어진 후에도 더 오래 힘들어하는 '약자'의 느낌이 강하다는 거다.

8년이라는 시간 동안 연재가 이어지면서 만화 속 캐릭터들이 내 주변에서 찾아볼 만한 생생함을 지닌 인물이 된 건 어쩌면 당연한 일 같지만, 쉬운 일은 아니다. 내적인 고민과 슬픔을 지닌 남주들이야 널렸지만, 이 작품 속 아이들은 어떤 '리얼함'을 갖추고 있었다. 처음엔 단순히 '착한 남자' 이미지로 시작한 한결은 사실 정제된 태도와는 달리 마음속에 비겁함과 죄책감이 가득한 복잡한 아이였다. 무엇보다 (우리의) 신새륜은 처음엔 그저 흔한 남주들처럼 성격 안 좋은 꽃미남 정도가 아닌가 싶었지만** 이야기가 진행되며 점차

---

* 한결은 이지를 이렇게 묘사한다. "소심해 보이면서도 어느 순간 깜짝 놀랄 정도로 대범하다. 계산적이지 않고 자신의 감정이나 생각을 여과 없이 말해버린다. 다정다감한 성격에 예쁘다기보다는 귀여운 외모를 갖고 있다. 대인관계… 누구하고도 원만하다. 차이면 차였지, 먼저 배신을 때리지는 않을 것 같은 지고지순한 타입"

** 당시에는 크게 느끼지 못했으나 지금 시점으로 다시 보면 만화의 첫머리에 신새륜이 이지에게 하는 말과 행동은 상당히 폭력적이어서 거슬리기도 한다. "못생긴 게"라고 하거나, 갑자기 끌어안는다든가 하는. "그만 좀 울어라 니가 자꾸 우니까 오라버니 기분이 열라 드럽다", "너 내 거 돼라" 같은 대사들도.

누군가를 떠올리게 되었다(나만 그렇습니까). 말과 행동은 강해 보이지만 사실은 용기가 없고, 자신의 약함을 내보이는 걸 극도로 두려워하며 그래서 누구에게도 진짜 마음을 털어놓지 못하는 스타일. 절친인 한결의 어머니가 아픈데도 "그게 나랑 뭔 상관이냐?"라고 말하는, 이지의 묘사에 따르면 "자기가 허용한 사람들 외에 다른 사람 일은 너무하다 싶을 정도로 무심"한 사람.

이런 사람을 사랑하게 된 '다정다감파'들은 출구가 없는 미로에 갇힌 기분이 들고 마는 것이니, 들어주고 싶어도 들을 수 없고 도와주고 싶어도 도울 수 없는 그 답답함. 진심을 장난처럼 툭 던져놓고는 상대방이 '찰떡같이' 알아듣지 못하면 혼자 실망하고 움츠러드는. 나는 새륜이라는 인물이 너무 현실 속 누구 같아서*** 좋으면서도 끝까지 싫었다. 그리고 이지의 질문에 새륜이 이렇게 답했을 때부터 이 사랑의 결말이 좋지 않을 것을 예상했을까.

"넌 뭔가 부족하거나, 갖고 싶은 거 있는데 못 가진 거 있어?"
"지금은 그런 거 없어."

*** 그래 너. 이유도 말 안 해주고 사라져버린 '잠수 요정' 너놈. 욕하다 지쳐 예쁜 별칭을 지어주었다.

『다정다감』(2020년 4월 재출간), 저마다의 매력을 뽐내는 한결, 도경, 이지, 새룬.

그런 게 있다면 내가 구해주고 싶었다.
'지금은 그런 거 없어'
그 녀석 말을 곱씹으면 곱씹을수록
나는 왠지 마음 한구석이 텅 비어가는 것 같았다.

제발 무슨 일이 있다면 부탁이니까 나한테 말해줘.
도움이 필요할 때 도와달라고 외치는 것도
때로는 상대를 기쁘게 만들기도 해.
부탁이니까 제발 내가 뭐든 할 수 있게 해줘.

 이 작품의 '충격적인' 결말을 말하기 전에 즐거운 이야기부터 하고 싶다. 도경이라는 걸출한 인물 덕분에 이 만화는 더욱 독특한 위치를 차지할 수 있게 됐다. 도경은 '여주인공의 예쁜 절친'이 갖는 모든 전형성을 깨부숴버린 캐릭터다. 분명 서브 여주인데 주인공의 사랑을 질투하지도 방해하지도 않고, 언제 어떤 상황에서든 이지의 편이 되어준다.* 무엇보다 도경은 시대를 앞서간 '비연애

---

* 만화 속에서 단 한 번 이지와 도경이 틀어지는 사건이 있는데 "너는 황새고 나는 뱁새"라며 열등감을 드러내는 이지에게 "그렇게 사람을 구분하는 것도 차별"이라며 도경이 서운해하는 에피소드다. 하지만 곧 다시 나타나 서로의 진심을 주고받으며 화해한다. 정말 이런 친구 어디 없나.

탈연애' 캐릭터. '미소년들로 가득한 할렘'을 만드는 게 목표일 정도로 꽃미남에 관심이 많지만, 이들을 남자 친구로 사귈 생각은 하지 않는다. 그저 멀리서 덕질하는 것을 즐길 뿐. 이런 도경 덕분에 『다정다감』에는 순정만화를 읽다 마주치는 최대 난관인 "아으, 얘 왜 이래. 짜증 나게"의 순간이 거의 없다.

그리고 이제, 『다정다감』의 결말 이야기를 하지 않을 수 없겠다. 『다정다감』이 순정만화의 어떤 '클리셰'를 벗어났다고 말한다면 그 90%는 이 결말에 있다. 자고로 순정만화를 읽는 사람이라면 엇갈리는 고통 속에서도 조금씩 키워온 주인공의 사랑이 어떤 식으로든 '열매'를 맺기를 바랄 것인데** 이 만화에서는 단 하나의 커플도 탄생하지 않는다. 또 명확한 이별도 없다. 아 이렇게까지…라고밖에 할 수 없는 잔인한 엔딩이자 비슷한 리얼 연애를 해본 사람이라면 '그래 이런 거지' 납득할 수밖에 없는 진짜 현실적인 끝.***

새륜은 사라졌지만 이지는 마음을 정리하지 못했고, 툭툭 마음

** 맺어지든 헤어지든 독자들은 그 사랑이 납득할 만한 '결과'로 드러나기를 바라게 마련이다.

*** 사실 처음에는 난해한 이 결말을 이해하지 못했고, 뭔가 찜찜한 기분으로 사이트를 뒤지다가 여러 독자들이 내려놓은 해석을 보고 깜짝 놀라고 말았다는 슬픈 사연. 새륜의 결혼 여부 등등.

에 걸리는 새륜에 대한 그리움 때문에 스무 살을 넘기고도 "앞으로 나가지 못하고 버벅"댄다. 새륜이 떠난 집의 정원을 혼자 가꾸며 "차라리 고소라도 당해서 죽기 전에 신새륜 얼굴이라도 한 번 봤으면 좋겠다"라고 속없이 말한다. 제대로 정리하지 못한 건 마음에 넘쳐흐른 사랑을 충분히 주지 못한 탓이다. 새륜의 아픔을 감싸주고 힘이 되고 싶었지만 아무것도 하지 못했다는 아쉬움이 미련이 됐다. 마음을 많이 준 탓에 그만큼 크게 다치고 오랜 시간 잊지 못하는 이 억울한 사랑의 역설.

좋아하는 마음을 더 많이 드러내는 사람을 '약자'라고들 한다. 더 많이 좋아하는 쪽이 사랑이라는 권력 싸움에서 지는 거라고 한다. 만약 그렇다면 이지(와 나?) 같은 '다정다감파'의 연애는 어차피 질 것을 알면서 뛰어드는 싸움이다. 손해 보기 싫어서 마음을 아끼는 방법을 잘 모르고, 거리를 두고 밀고 당기는 데도 영 소질이 없는 인간들이기 때문에.

하지만 우겨보고 싶다. 우리는 승리하기 위해서 누군가를 좋아하는 것이 아니라고. 연애에서 이겼다고 해서 전교생의 박수 속에 상장을 받는 것도 아니요, 어화둥둥 헹가래를 쳐주는 사람이 있는 것도 아니다. 사랑에서 덜 상처받는 '승자'가 되었다고 해서 그 인생이 뭐 탄탄대로, 꽃길로 이어지겠는가. 우리는 그냥 각자의 방식대로 사랑을 했을 뿐. 그리고 자기 몫만큼의 행복과 상처를 안고 그와 헤어졌을 뿐이다.

그래서 나는 『다정다감』의 이 무지막지한 결말을 인정하지 않을 수 없다. 있는 힘껏 표현했고, 그만큼 다쳐 울었고, 그리고 오래도록 힘들어한 이지가 결국에는 자신만의 방법으로 그 상처를 치유하고 경쾌하게 새로운 삶으로 걸어 들어갔으리라고 믿는다.[*] 내 방식대로 맘껏 사랑했으니 충분하다, 고 느끼면서. 마지막 새륜과 마주친[**] 이지의 이 대사 덕분이었다.

> 기대에 못 미쳐서 미안한데 난 이렇게 살래.
> 억지로 뭔가 바꾸는 건 너무 힘들어.

그가 원하는 대로 달라지고 싶었고, 그에게 어울리는 사람이 되

---

[*] 성인이 되어서도 절친으로 지내는 한결의 고백, "앞으로도 네가 어떤 형태든 자연스럽게 내 일상 속에 스며들었으면 좋겠어." 때문에 한결과 이지가 이어졌을 거라고 믿는 사람도 많지만, 난 왠지 아닐 것 같다.
[**] 정말 마주친 것인지, 상상 속의 만남인지는 아직 헷갈린다.

고 싶었다. 하지만 그렇게 되지 못한(혹은 되지 않은) 스스로를 받아들이기로 한 이지는 분명 개운해 보였다. 자신을 미워하지 않는다면 희망은 있다. 아무리 큰 고통 속에 있다 해도. 그래서 나는 내 멋대로 『다정다감』의 결말을 해피엔딩이라고 생각하기로 했다.

반짝이는 것이 있다면
잘 간직해야지.

다듬지 않아도
그건 내겐 보석이니까―.

『다정다감』, 다정다감만의 해피엔딩.

에필로그
순정만화가 나에게 준 선물

어쩌자고.

이 책을 쓰기 위해 『아르미안의 네 딸들』 3권을 읽던 중 문득 현타가 찾아왔다. 어쩌자고, 이 장대한 프로젝트를 덜컥 시작했단 말인가. 한국에서 순정만화 많이 본 사람을 꼽으면 10위 안에는 들 거라고, 순정만화라니 그것은 나의 전공 아니겠느냐며 나불댔던 나의 입을 이제라도 꿰매버리고 싶었다. 어쩌자고… 『아르미안의 네 딸들』 10권 옆에는 『불의 검』 12권이 쌓여 있었다. 그리고 그 옆엔… 『프린세스』 총 31권.

권수가 문제가 아니었다. 작품 하나하나가 거대한 세계였다. 내 기억 속 스토리보다 훨씬 방대한 스케일에, 지금의 나이에 봐도 어려운 질문들이 페이지마다 촘촘히 자리 잡고 있었다. 그 옛날의 나에게 묻고 싶었다. 너는 이게 무슨 이야긴 줄은 알고 읽었던 거니? 나의 10대와 20대를 통과해간 이 작품들을 다시 읽으면서 나는 자주 놀랐고, 많이 울었고, 여러 번 감사했다.

마땅히 쓰여야 하는데 쓰지 못한 많은 작가와 작품이 있다. 우선 김진 작가. 『레모네이드처럼』 같은 따뜻한 이야기도, 귀여운 명랑만화 『조그맣고 조그맣고 조그마한 사랑이야기』도 좋아했지만, 대하 서사시 『바람의 나라』를 제대로 소화할 자신이 없어 고민 끝에 포기했다. 나의 순정만화 '원체험'이었던 김영숙 작가에 대해서는 지난 책(『어쩌다 어른』)에서 너무 많은 이야기를 해버렸다. 그리고 원수연, 이정애, 강모림, 김기혜, 조강연, 신현준, 김나경, 김미영, 송태성, 한승희, 서문다미, 김소희… 언젠가 이들의 작품도 이야기할 기회가 찾아오기를.

이들 덕분에 이 책을 쓸 수 있었다. 나의 아빠(만취해 길에서 주무시던 그분이시다)와 엄마(뭐든 갖다버리는 그분이시다)다. 문제집 사겠다고 받은 돈으로 몰래몰래 《하이센스》 사는 거 모르셨죠. 죄송

해요. 과년한 딸이 명절이면 귀여운 손주 대신 만화책 수십 권을 껴안고 들어와, 연휴 내내 약과 집어먹으며 읽고 있어도 "아이고 내 팔자" 한번 안 하신 분들이다. 이들의 인내심과 분노조절 능력에 경의를 표하며.

1980~1990년대 순정만화를 다시 읽으면서, 이 이야기들에 빠져 있던 10대 20대의 나를 만났다. 기억이 안 날 거라 생각했는데, 책을 펼치는 순간 신기하게 많은 장면들이 되살아났다. 어리숙하고 서툴렀던, 그래서 자꾸 움츠러들던 그 시절 나의 등을 어른이 된 내가 토닥토닥 두드려주었다. 괜찮아, 힘내…. 그 시절 순정만화가 나에게 해준 것이었다.

이 책을 펼친 사람들이 나와 같은 기분을 느낄 수 있기를. 그때의 내가 되어 한껏 웃고 한껏 울고, 다시 샤르휘나처럼 시이라젠느처럼 미지의 길을 나설 용기를 얻을 수 있기를. 우리가 순정만화에서 배웠다시피 "삶은 예측불허, 그리하여 의미를 갖는 것" 아니겠는가.